nuevo

¡Ya! 1

Libro del estudiante

Carmen Perea-Gohar Isabel de Sudea

OXFORD
UNIVERSITY PRESS

Great Clarendon Street, Oxford OX2 6DP

Oxford University Press is a department of the University of Oxford. It furthers the University's objective of excellence in research, scholarship, and education by publishing worldwide in

Oxford New York

Auckland Bangkok Buenos Aires Cape Town Chennai
Dar es Salaam Delhi Hong Kong Istanbul Karachi Kolkata
Kuala Lumpur Madrid Melbourne Mexico City Mumbai Nairobi
São Paulo Shanghai Singapore Taipei Tokyo Toronto
with an associated company in Berlin

Originally published by Almqvist & Wiksell under the title *Eso sí 1*

This edition first published 2002

British Library Cataloguing in Publication Data

Data available

ISBN 0 19 912342 X

10 9 8 7 6 5 4 3 2 1

Typeset in Esprit Book 11pt

Printed in Spain by Edelvives, Zaragoza

Acknowledgements

Original edition translated from the Swedish by Joan Tate.

Recordings by Footstep Productions Ltd, at the Soundhouse studios, London.

Illustrations are by Göran Lindgren, Mike Spoor and Stefan Chabluk. The publishers would like to thank the following for permission to use reproduce photographs:

Air Iberia p5; Andes Press Agency/Carlos Reyes-Manzo, p53 (bottom right), p91c; Central audiovisual library, European Commission p47; Sue Cunningham p89 (top left and top right); Corbis p23, p61, p64/65, p79 (bottom); Corel p7, p39, p41 (top right), p78, p90 (top left), p91 (top right); Tor Eigeland p29 (top), p49 (centre left), p55 (bottom), p80 (top centre); Robert Harding Picture Library p43 top; Images of Spain/Nick Inman p29 (bottom centre), p30 (bottom), p31 (bottom left), p41 (centre and bottom), p43 (top right), p43 (bottom right), p44, p47 (top left), p55 (top and centre); Magic of Spain p13, p17 (top right), p56 (top), p79 (top); Ray Roberts p16 (top right), p17 (top), p23, p42 (all 3), p43 (bottom left); Renault p31 (top); David Simson p27, p41 (top left), p49 (left), p52 (top), p53 (bottom), p56 (centre left and right), p58 (bottom), p79 (centre and bottom), p80 (top right), p89 (centre and right), p90 (bottom), p91 (bottom); Spanish Tourist Office p30 (centre), p40; Spanish Tourist Office/Lopez Alonso p57 (top left); Spanish Tourist Office/A Puente Briales p35; Spanish Tourist Office/J L Grande p49, p57 (bottom); Spanish Tourist Office/F Ontañón p30 (top), p31 (bottom right), p80 (bottom); Turespaña/J L Grande p29 (bottom), p81; Turespaña/F Ontañón p16 (bottom). Other photographs supplied by the author.

Contents

Introduction *2*
Functional summary *3*
Units 1–40: *4*
1 América Latina, Europa *4*
2 En el aeropuerto *6*
3 En la aduana *8*
4 España *10*
5 Al centro *12*
6 En el centro de la ciudad *14*
7 La capital de España *16*
8 Una individual sin baño *18*
9 En casa de los Gómez *20*
10 Después de cenar … *22*
11 … van al cine *23*
12 En el Paseo del Prado *24*
13 Los meses del año *26*
14 El centro de España *28*
15 Salamanca *32*
16 Librería papelería *34*
17 Desayuno en la cafetería *36*
18 Un día completo *38*
19 Una cita *39*
20 El este de España *40*
21 De paso por Elche *44*
22 Una llamada telefónica *46*
23 El tiempo y las estaciones del año *48*
24 En la playa *50*
25 Dos postales y una carta de México *52*
26 El sur de España *54*
27 Un agricultor *58*
28 En la peluquería y en casa de nuevo *60*
29 ¿Qué le pasa? *62*
30 Tiempo libre *63*
31 Sobre gustos no hay nada escrito *64*
32 De compras *66*
33 En el número 85 *70*
34 El piso y los muebles *72*
35 ¿Un buen negocio? *76*
36 El norte de España *78*
37 Un joven gallego *82*
38 Para estar más segura *85*
39 En el mercado *86*
40 Perú: dos lados de la misma cara *88*
Expressions and phrases *92*
Grammatical terms *95*
Grammar: *97*
1–4 Articles *97*
5–7 Nouns *99*
8–10 Adjectives *101*
11–13 Adverbs *104*
14–17 Numbers *105*
18–32 Pronouns *107*
33–76 Verbs *115*
Irregular verbs (46–67) *122*
The use of *ser* and *estar* (69–73) *127*
77–80 Prepositions *131*
81–89 Pronunciation and spelling *132*
Spanish–English vocabulary *138*
Transcripts *153*
Course outline *155*

Introduction

¡Ya! is a two-part Spanish course leading to GCSE or equivalent examinations. It is suitable for students in secondary schools, sixth form colleges and further or higher education. Each part consists of a Students' Book, an Activity Book and a cassette or CD.

¡Ya! 1 teaches you to understand and communicate in everyday Spanish. The course provides an up-to-date picture of the Spanish-speaking world; the emphasis is largely on Spain, but there are also a few glimpses of Latin America. More emphasis is given to Latin America in **¡Ya! 2**.

Students' Book
The Students' Book contains a variety of dialogues and narrative/descriptive texts written in good everyday Spanish, all recorded by native speakers. Some of the texts deal with geographical, cultural and social themes. There are a number of *activities* in the Students' Book linked with the texts.

The Students' Book also contains:
- a list of useful *expressions and phrases*
- a list of *grammatical terms*
- a *grammar section*, including a *pronunciation guide*
- a *Spanish–English vocabulary* and
- a *course outline.*

The Students' Book is abundantly illustrated. These illustrations are an invaluable support when learning the language, and help to build up a picture of life in Spain and Latin America.

¡Ya! 1 provides an up-to-date central vocabulary covering many simple everyday situations. Vocabulary learning is extremely important, especially in the early stages, as it helps to encourage good language learning habits. However, it is not intended that all the words in the book should be learnt for active use, and naturally all students do not have to learn the same number of words.

The grammatical content of **¡Ya! 1** has been designed so that the language can be used in a functional and purposeful way from the start. If, for instance, a verb form is needed in the text, we have used it, even if the verb itself is not dealt with systematically until later on.

Activity Book
This provides students with a wide variety of exercises, ranging from supported to open-ended activities and including pronunciation and word building. Certain activities are included in the Students' Book, but as learning is more effective if you practise a great deal and in various different ways, the Activity Book is very important if you are to achieve really good results.

The Activity Book also contains further factual information, unit-by-unit vocabulary lists and an English–Spanish glossary. More information can be found in the introduction to the Activity Book.

Cassette/CD
The cassette or CD contains all the dialogues and texts printed in the Students' Book, plus a number of extra listening activities. The transcripts of these are printed at the back of the Students' Book. This invaluable resource can be used to exploit, extend and reinforce language learning, not only in the classroom but by students independently.

¡Ya! 1 is suitable for various groups learning Spanish, students who work at different speeds and perhaps with different aims in view, so plenty of material is provided; but no student need read everything. Use the *course outline* at the back of the Students' Book, which shows which situations and grammar are introduced where, and also indicates which is central material and which simply preparatory. You must decide for yourself what you are going to learn actively and what is most important for you.

We hope you will find it stimulating to work with **¡Ya! 1** and that you will soon find you can cope with many situations in Spanish.

Symbols used in this book

 listening activity

 pairwork activity

refer to the Activity book (page number given)

refer to the Grammar at the back of this book (section number given)

Functional summary

In **¡Ya! 1** you learn to use Spanish when you:

- greet people, introduce yourself, say how you are and where you come from (2)
- go through Customs (3)
- talk about your own or another country (4, 40)
- say where you are going and how you are travelling (5)
- ask the way and say where a place is (4, 6)
- book a room (8, 22)
- talk about work and working hours (9, 10, 18)
- describe rooms and furniture (9, 33, 34)
- arrange to go to the cinema with someone (11)
- buy a newspaper or magazine (12)
- talk about birthdays and saints' days (13)
- talk about regions of Spain (14, 20, 26, 36)
- describe where something is (15, 16)
- shop in a bookshop and stationer's (16)
- say what you want for breakfast (17)
- give an order in a bar (17, 21)
- speak on the telephone and use a public phone (19, 22)
- arrange to eat out with someone (19)
- talk about the weather (23)
- write a postcard or a letter (25)
- talk about daily routines (27, 28)
- go to the hairdresser's (28)
- say where someone has a pain (29)
- describe what you do in your free time (30)
- say what you think about something (31)
- go shopping for clothes and shoes (32)
- buy food in a market (39)

1 América Latina

Europa

Actividades

A 5

A El alfabeto español: escuche y repita.
The Spanish alphabet: listen and repeat.

B Pronunciación

2 En el aeropuerto

SALIDAS →
PUERTAS 1-18

3

◆ ¡Hola! ¿Qué tal?
○ Muy bien, ¿y tú?
◆ Pues regular.

4

◆ Por favor señora, el pasaporte.
○ Tenga.
◆ ¿Se llama usted Toledo?
○ No, me llamo Peralta. Soy de Toledo.
◆ Ah, sí, claro.

REPUBLICA DE COLOMBIA

PASAPORTE
PASSPORT

TIPO / *TYPE*: P
COD. PAIS / *CODE COUNTRY*: COL
PASAPORTE Nº / *PASSPORT No.*: 57.903.48

APELLIDOS / *SURNAME*: ALDANA HERRERA
NOMBRES / *GIVEN NAMES*: CARLOS
FECHA Y LUGAR DE NACIMIENTO / *DATE AND PLACE OF BIRTH*: 12 ABRIL 1966 MEDELLIN
SEXO / *SEX*: M
LUGAR Y FECHA DE EXPEDICION / *PLACE AND DATE OF ISSUE*: BOGOTA 12 SEP 2001

Actividades

C ¿Cómo se llama el señor? ¿De qué país es?

A 7 **F** Pronunciacíon: r, rr

3 En la aduana

1
- ◆ ¿Qué hay en el bolso?
- ○ Hay un libro y una cámara fotográfica.
- ◆ ¿Algo más?
- ○ Un momento … sí, hay también un periódico,
5 una revista …
- ◆ ¿Qué es esto?
- ○ Ah, sí, perdón, un ordenador.

2

	El empleado	¿Qué hay en la maleta?
	El señor Aldana	¿En qué maleta?
10	*El empleado*	En la maleta negra.
	El señor Aldana	Una camisa, una corbata ... bueno, ropa.
	El empleado	¿Y en el bolso blanco?
	El señor Aldana	Libros, botellas ...
15	*El empleado*	¿Botellas? ¿Cuántas?
	El señor Aldana	Dos o tres.
	El empleado	¿Dos o tres?
	El señor Aldana	Cuatro.

3

	El empleado	¿Tabaco?
20	*El señor Aldana*	Sí, cigarrillos.
	El empleado	¿Cuántos paquetes?
	El señor Aldana	Diez.

Actividad

E Escuche y complete el diálogo en el libro de actividades.
Listen and complete the dialogue in the Activity Book.

4 España

En España hay 17 (diecisiete) Comunidades Autónomas. De norte a sur y de oeste a este son: Galicia, Asturias, Cantabria, País Vasco, Navarra, La Rioja, Cataluña, Castilla–León, Aragón, Extremadura, Madrid, Castilla–La Mancha, País
5 Valenciano, Andalucía, Murcia, Islas Baleares, Islas Canarias. Hay, además, dos ciudades españolas en el norte de África: Ceuta y Melilla.

- ◆ Madrid está en España.
- ❍ Y Santander, ¿dónde está? ¿También en España?
- 10 ◆ Sí, está en el norte.
- ❍ ¿Y Lisboa?
- ◆ Lisboa no está en España. Está en Portugal.

Actividad

A Practique el diálogo.

Change	*Madrid*	*Santander*	*Lisboa*
to	Valencia	Sevilla	Roma
	Zaragoza	Barcelona	Londres

España está en la península Ibérica. Limita con Francia y Portugal.

15 Madrid es la capital de España. Está en el centro del país. En la costa hay ciudades grandes como Bilbao, en el norte, Barcelona y Valencia, en el este y Málaga, en el sur.

En el País Vasco, en la provincia de Madrid y en Cataluña hay muchas industrias. Andalucía es una región agrícola.

20 España exporta coches, maquinaria y productos agrícolas como vino, aceite y naranjas. En España hay mucho turismo, sobre todo en las playas del Mediterráneo y en las Islas Canarias.

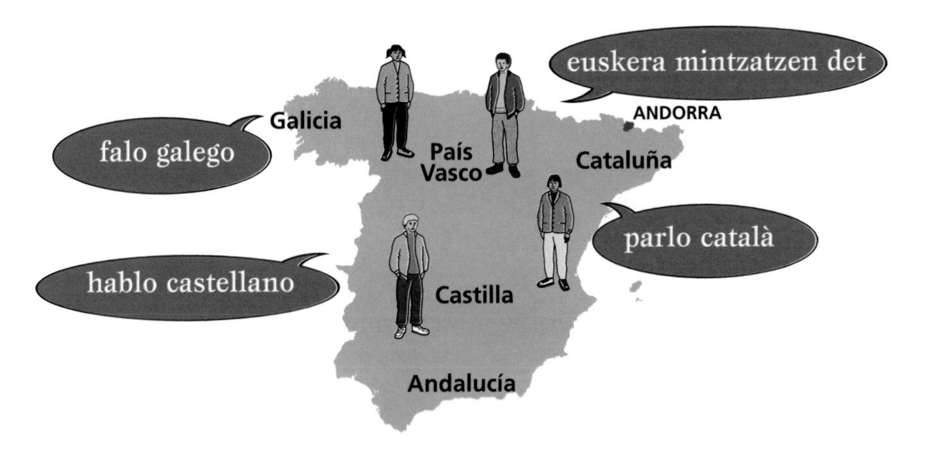

La lengua oficial del Estado español es el castellano. En España se hablan además el gallego, el vascuence (o *euskera*) y el

25 catalán. Entre España y Francia hay un país muy pequeño, Andorra. La lengua oficial de Andorra es el catalán.

Actividades

D Conteste a las preguntas. *Answer the questions.*

1 ¿Dónde está España?
2 ¿Con qué países limita?
3 ¿Cómo se llama la capital?
4 ¿Dónde está?
5 ¿Dónde están (a) Bilbao (b) Barcelona (c) Málaga?
6 ¿Qué exporta España?
7 ¿Hay mucho turismo en el norte de España?
8 ¿Qué lenguas se hablan en España?

F Escuche y rellene el texto en el libro de actividades.

5 Al centro

- ◆ ¿Vas al centro?
- ❍ No, voy a la oficina.
- ◆ Bueno, ¡adiós y hasta mañana!

Un taxista ¿Taxi, señor?
5 *El señor Aldana* No, gracias. ¿Dónde hay una parada de autobús?
El taxista ¿Adónde va usted? ¿A la terminal?
El señor Aldana Sí.
El taxista El autobús azul va a la terminal.
El señor Aldana ¿Está lejos?
10 *El taxista* ¿La terminal?
El señor Aldana No, la parada.
El taxista No, muy cerca. Allí enfrente.

El señor Aldana va en autobús a la plaza de Colón, a la terminal. Cerca de allí, en la estación de Serrano, toma el
15 metro para ir al hotel Cervantes.

Madrid: plaza de Colón y calle de Génova

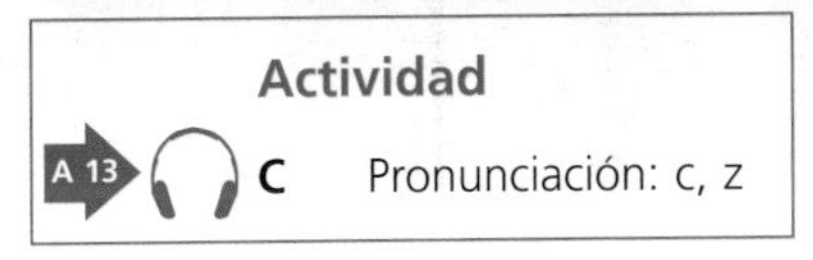

6 En el centro de la ciudad

El señor Aldana va a pie a la calle Lope de Vega. Lleva dos maletas, un bolso y una cámara fotográfica. Busca el hotel Cervantes.

En la calle hay dos hoteles, una pensión, un restaurante, dos bares y una farmacia. Pero el hotel Cervantes no está allí.

Cerca de la esquina hay un grupo de personas.
—¿Dónde está el hotel Cervantes, por favor? —pregunta el señor Aldana.
—¿El hotel Cervantes? —contesta un chico— No sé dónde está. Pregunte en la farmacia.

Actividad

A Conteste a las preguntas.
Answer the questions.

1 ¿A qué calle va el señor Aldana?
2 ¿Cómo va allí?
3 ¿Qué lleva?
4 ¿Qué busca?
5 ¿Qué hay en la calle?
6 ¿El hotel está allí?

El señor Aldana entra en la farmacia.

	El farmacéutico	Buenas tardes, señor. ¿Qué desea?
	El señor Aldana	Por favor, ¿el hotel Cervantes está por aquí?
15	*El farmacéutico*	Sí, en la calle Cervantes.
	Un cliente	No, hombre, no. El hostal que está allí se llama California. ¿Qué busca? ¿El hotel Cervantes? Está en la plaza de Santa Ana, entre el teatro y la papelería.
	El señor Aldana	Muchas gracias.
20	*El cliente*	De nada.

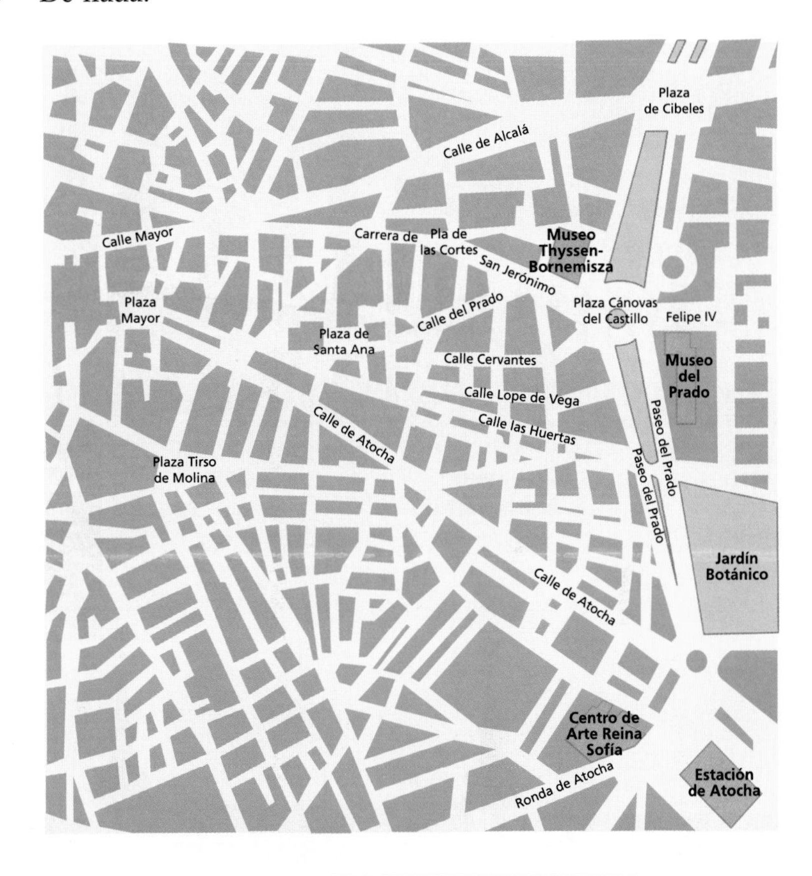

Actividad

E Escuche y conteste a las preguntas.

1 ¿Dónde está la señora?
2 ¿Qué busca?
3 ¿Está lejos?

7 La capital de España

Madrid, con unos cuatro millones de habitantes, es la ciudad más grande de España. De aquí salen las principales carreteras y los ferrocarriles del país.

En las calles de Madrid, como en todas las grandes ciudades,
5 hay mucho tráfico. En el centro, a la hora punta, los coches y los autobuses casi no avanzan.

Palacio Real

Plaza Mayor

Plaza de Cibeles

Torres Kio, plaza de Castilla

Campo de las Naciones

En Madrid están los ministerios y las oficinas del Gobierno Central. Hay también grandes industrias y por eso mucha gente busca trabajo en la capital.

Además del Museo del Prado, en Madrid hay otros museos famosos como el Centro de Arte Reina Sofía, el Museo Thyssen-Bornemisza y el Museo Arqueológico. *15*

El río Manzanares pasa por el sur de la ciudad. En los alrededores de Madrid hay muchos barrios modernos, como el Campo de las Naciones, en el este de la ciudad.

8 Una individual sin baño

La recepcionista Buenas tardes. ¿Desea una habitación?
El señor Aldana Sí, una individual con baño.
La recepcionista Lo siento, sólo hay baño en las dobles. Las individuales tienen ducha.
5 *El señor Aldana* Bueno, está bien.
La recepcionista ¿Para cuántos días?
El señor Aldana Para una semana.
La recepcionista Muy bien. A ver, hoy es lunes … martes … hasta el domingo entonces. ¿Su nombre, por favor?
10 *El señor Aldana* Aldana, Carlos Aldana Herrera.
La recepcionista Tenga la llave … bueno, la tarjeta. Habitación número 316.
El señor Aldana Muchas gracias.
La recepcionista Ah, necesito su carné de identidad o el pasaporte.
15 *El señor Aldana* Aquí está mi pasaporte.

mes *mayo*	**Cervantes**						
hab.no	lunes 2	martes 3	miércoles 4	jueves 5	viernes 6	sabado 7	domingo 8
312	Sres. García	—	—	—			
314	Sr. López	—	Sr. Walker	—	—	—	—
315				Sr. Schmidt	—		
316							
317							

Actividades

A Copie la página del registro y rellene la reserva del Sr Aldana.
Copy the page from the register and fill in Mr Aldana's reservation.

B Reserve una habitación.
Book a room, changing the days of the week and the room number.

Actividad

C Escuche y conteste a las preguntas.

1 ¿Desea la señora una habitación individual o una doble?
2 ¿Con ducha?
3 ¿Para cuántos días desea la habitación?
4 ¿Cómo se llama la señora?
5 ¿Y su marido?

9 En casa de los Gómez

La recepcionista se llama Mercedes Gómez. Cuando termina su trabajo, antes de ir a casa, pasa por el quiosco y compra un periódico.

La madre está en la cocina. Como otras madres españolas, trabaja en casa. La hermana mayor, Clara, y el padre no están todavía. Llegan más tarde.

Clara es cajera en un supermercado pero busca otro trabajo porque «estar todo el día en la caja es muy aburrido».

Y el padre, ¿qué hace? Es contable. Trabaja en una compañía de seguros.

Mercedes y su madre preparan la cena y, cuando llegan el padre y Clara, cenan todos juntos en el comedor.

Actividad

A Conteste a las preguntas.

1 ¿Dónde trabaja Mercedes Gómez?
2 ¿Qué hace allí?
3 ¿Qué hace hoy antes de ir a casa?
4 Cuando Mercedes llega a casa, ¿dónde está la madre?
5 ¿Están su hermana y su padre también en casa?
6 ¿Dónde trabaja Clara?
7 ¿Qué hace el padre?
8 Cuando llegan Clara y el padre, ¿qué hacen todos?

Hoy cenan sopa de pescado y carne con patatas fritas. Mientras cenan, ven la televisión.

El televisor está en un rincón. En el centro del comedor, que es una habitación larga y estrecha, hay una mesa grande con seis sillas alrededor. En una estantería, entre las dos ventanas, hay un reloj y unas fotos de la familia.

20

Actividades

B Describa el comedor. ¿Qué sabe usted de la familia Gómez?
Describe the dining room. What do you know about the Gómez family?

E Pronunciación: ch, ll

10 Después de cenar ...

Después de cenar, Mercedes y su hermana miran los anuncios en el periódico. Buscan un nuevo trabajo para Clara.

	Mercedes	«Necesitamos una joven ...»
	Clara	No, pagan muy mal. Si ahora en el súper ya gano más.
5	*Mercedes*	Eso sí, pero también trabajas más horas. A ver ... aquí «Hotel busca chica de buena presencia ...»
	Clara	Uf, ¡qué machistas! No hay ofertas interesantes hoy ...
	La Sra Gómez	¿Por qué no miráis en *Segunda Mano*? Allí hay más anuncios.

Ofertas de empleo

CAMAREROS/AS de 20–35 años, con experiencia, necesita urgentemente café en Barrio Salamanca. Contrato fijo. 1100 € al mes. Interesados llamar de 10 a 12 de la mañana al tel. 91-4472601

INFORMÁTICO con conocimiento de programación y diseño gráfico para empresa internacional. Horario de trabajo de 9.30 a 14 h y de 16 a 19 h.
Enviar pretensiones económicas y CV por e-mail. Tel. 91-5629203.
E-mail: progratec@trabajo.terra.es

PROFESORES de educación secundaria para matemáticas, lengua, ciencias naturales, física y química y filosofía precisa colegio. Imprescindible experiencia.
Enviar CV 28100 Alcobendas, Apartado 1068

SECRETARIA-RECEPCIONISTA con experiencia laboral, conocimientos básicos de informática e inglés, para trabajar en pequeño hospital. Buenas condiciones económicas.
Llamar días laborables de 9 a 6. Preguntar por el Sr Pérez.
Tel. 91-6507565

Actividad

E Escuche y rellene el formulario en el libro de actividades.
Listen and fill in the form in the Activity Book.

11 ... van al cine

Clara ¿Qué hora es?
Mercedes Son las nueve y media.
Clara ¿Vamos, Merche?
La Sra Gómez ¿Adónde vais?
5 *Mercedes* Al cine.
La Sra Gómez Pero si en la tele dan una película muy buena con Robert Redford.
Clara ¿Y quién es Robert Redford?
La Sra Gómez Mujer, si es muy famoso. Es un actor americano.
10 *Mercedes* No, mamá. Vamos al Cine Rialto.

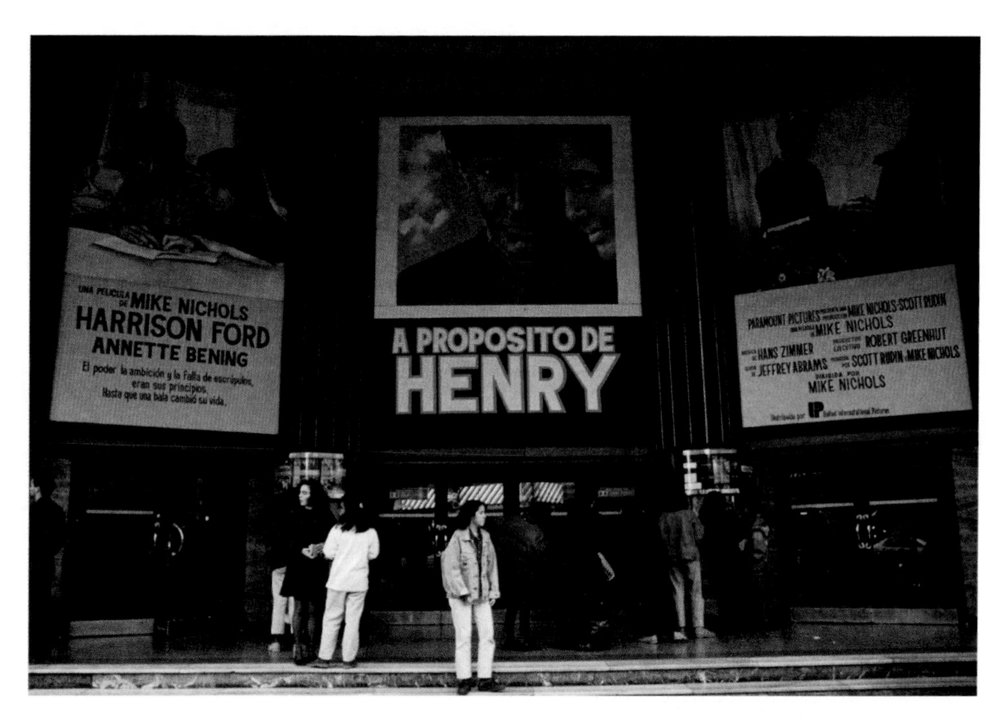

Actividades

A Conteste a las preguntas.

1 ¿Adónde van las hermanas?
2 ¿Qué hora es?
3 ¿Qué dan en la tele?
4 ¿Quién es Robert Redford?

F Escuche y rellene el recuadro en el libro de actividades.
Listen and fill in the grid in the Activity Book.

12 En el Paseo del Prado

Una señorita *El País*, por favor. Es un euro, ¿no?
El vendedor Sí, eso es.
La señorita ¿Tiene cambio? Tengo sólo un billete de cincuenta. Ah, por favor, una revista también. Deme *¡Hola!*
5 *El vendedor* Lo siento, no quedan. Tengo *Lecturas, Cambio 16 …*
La señorita Pues deme *Lecturas.* ¿Cuánto es?
El vendedor Son tres euros sesenta céntimos en total. Mire, cuatro, cinco y cinco: diez, veinte, treinta, cuarenta
10 y cincuenta.

Actividad

A Compre un periódico y una revista.

	Periódicos	**Revistas**		
Change	*El País (1,00 €)*	*¡Hola! (1,60 €)*	*Lecturas (2,60 €)*	*Cambio 16 (3,50 €)*
to	ABC (1,00)	Lecturas (2,60)	¡Hola! (1,60)	Historia y vida (3,20)
	El Mundo (1,00)	El Mueble (2,70)	La Tierra (2,00)	Segunda Mano (1,50)
	La Vanguardia (1,00)	La Tierra (2,00)	Historia y vida (3,20)	Guía del Ocio (1,10)
	Marca (1,00)	El Mueble (2,70)	Guía del Ocio (1,10)	Segunda Mano (1,50)

◆ ¿Cuántos años tenéis?

○ Yo tengo siete y él seis.
Y tú, ¿cuántos años tienes?

◆ Catorce.

○ A ver si adivinas cuántos años tiene mi hermana.

◆ No sé, ¿doce?

○ Más.

◆ ¿Quince?

○ Menos.

◆ ¿Catorce?

○ Eso es. Ella también tiene catorce años.

Actividades

 **C** Practique: A ver si adivinas cuántos años tiene ...

mi hermana	*12*	*15*	*14*
Roberto	22	21	24
Macarena	20	16	17

 **G** Escuche la entrevista. ¿Quién habla?

13 Los meses del año

Septiembre

16 LUNES Santos Cornelio y Cipriano

17 MARTES San Roberto Belarino. Fiesta en la ciudad de Melilla

18 MIÉRCOLES San José de Cupertino

19 JUEVES San Jenaro

20 VIERNES Santa Imelda

21 SÁBADO San Mateo

22 DOMINGO San Mauricio

ENERO

L	M	M	J	V	S	D
	1	2	3	4	5	6
7	8	9	10	11	12	13
14	15	16	17	18	19	20
21	22	23	24	25	26	27
28	29	30	31			

FEBRERO

L	M	M	J	V	S	D
				1	2	3
4	5	6	7	8	9	10
11	12	13	14	15	16	17
18	19	20	21	22	23	24
25	26	27	28			

MARZO

L	M	M	J	V	S	D
				1	2	3
4	5	6	7	8	9	10
11	12	13	14	15	16	17
18	19	20	21	22	23	24
25	26	27	28	29	30	31

ABRIL

L	M	M	J	V	S	D
1	2	3	4	5	6	7
8	9	10	11	12	13	14
15	16	17	18	19	20	21
22	23	24	25	26	27	28
29	30					

MAYO

L	M	M	J	V	S	D
		1	2	3	4	5
6	7	8	9	10	11	12
13	14	15	16	17	18	19
20	21	22	23	24	25	26
27	28	29	30	31		

JUNIO

L	M	M	J	V	S	D
					1	2
3	4	5	6	7	8	9
10	11	12	13	14	15	16
17	18	19	20	21	22	23
24	25	26	27	28	29	30

JULIO

L	M	M	J	V	S	D
1	2	3	4	5	6	7
8	9	10	11	12	13	14
15	16	17	18	19	20	21
22	23	24	25	26	27	28
29	30	31				

AGOSTO

L	M	M	J	V	S	D
			1	2	3	4
5	6	7	8	9	10	11
12	13	14	15	16	17	18
19	20	21	22	23	24	25
26	27	28	29	30	31	

SEPTIEMBRE

L	M	M	J	V	S	D
						1
2	3	4	5	6	7	8
9	10	11	12	13	14	15
16	17	18	19	20	21	22
23	24	25	26	27	28	29
30						

OCTUBRE

L	M	M	J	V	S	D
	1	2	3	4	5	6
7	8	9	10	11	12	13
14	15	16	17	18	19	20
21	22	23	24	25	26	27
28	29	30	31			

NOVIEMBRE

L	M	M	J	V	S	D
				1	2	3
4	5	6	7	8	9	10
11	12	13	14	15	16	17
18	19	20	21	22	23	24
25	26	27	28	29	30	

DICIEMBRE

L	M	M	J	V	S	D
						1
2	3	4	5	6	7	8
9	10	11	12	13	14	15
16	17	18	19	20	21	22
23	24	25	26	27	28	29
30	31					

1

◆ A ver si adivinas cuándo es el día de mi santo.
❍ No sé, ¿el trece?
◆ Más tarde.
❍ ¿El veintitrés?
◆ Antes. *5*
❍ ¿El veintiuno?
◆ Eso es. Hoy es el día de mi santo.
❍ Vaya, pues ¡felicidades!

2

◆ Oye, ¿qué fecha es hoy?
❍ El veintidós de septiembre. *10*
◆ Entonces mañana es el cumpleaños de Carlos.
❍ Sí, y pasado mañana el primer día de clase.

El primer día de clase

	Profesor	¿Jesús Barrate?
15	*Jesús*	Sí.
	Profesor	Inés Fuentes?
	Inés	Presente.
	Profesor	¿Carlos Fuentes?
	Carlos	Sí.
20	*Profesor*	¿Sois hermanos?
	Carlos	No, somos primos.
	Profesor	¿Federico Martínez?
	Carlos	No está. Está enfermo.
	Profesor	¿Alfredo Santini?
25	*Alfredo*	Sí.
	Profesor	¿Eres italiano?
	Alfredo	No, soy catalán, pero mi padre es italiano.

Actividades

B Conteste a las preguntas.

1 ¿Quién es el primo de Inés?
2 ¿Quién no está?
3 ¿Quién es catalán?

D Pronunciación: j, g

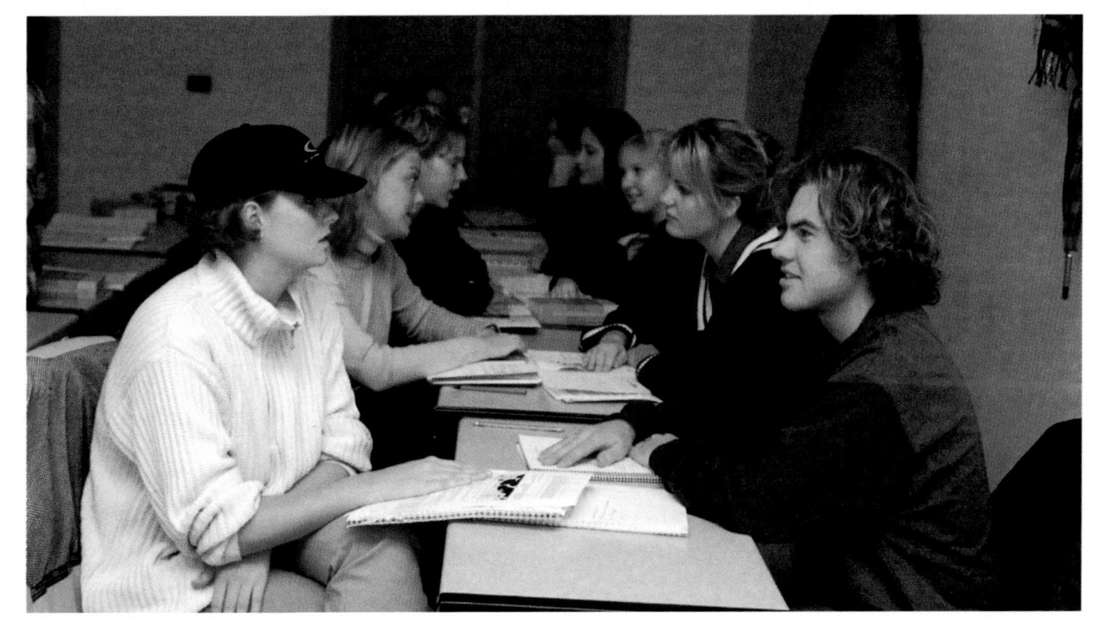

14 El centro de España

Aquí tenemos cinco Comunidades Autónomas: Castilla–León, Aragón, Castilla–La Mancha, Extremadura y Madrid.

En el centro de la península Ibérica están las llanuras de la Meseta, que ocupan el 40 % (por ciento) del territorio español y tienen una altitud media de 650 metros.

En el sureste de la Meseta está La Mancha, tierra seca con pocos árboles y extensos cultivos de trigo y viñedos.

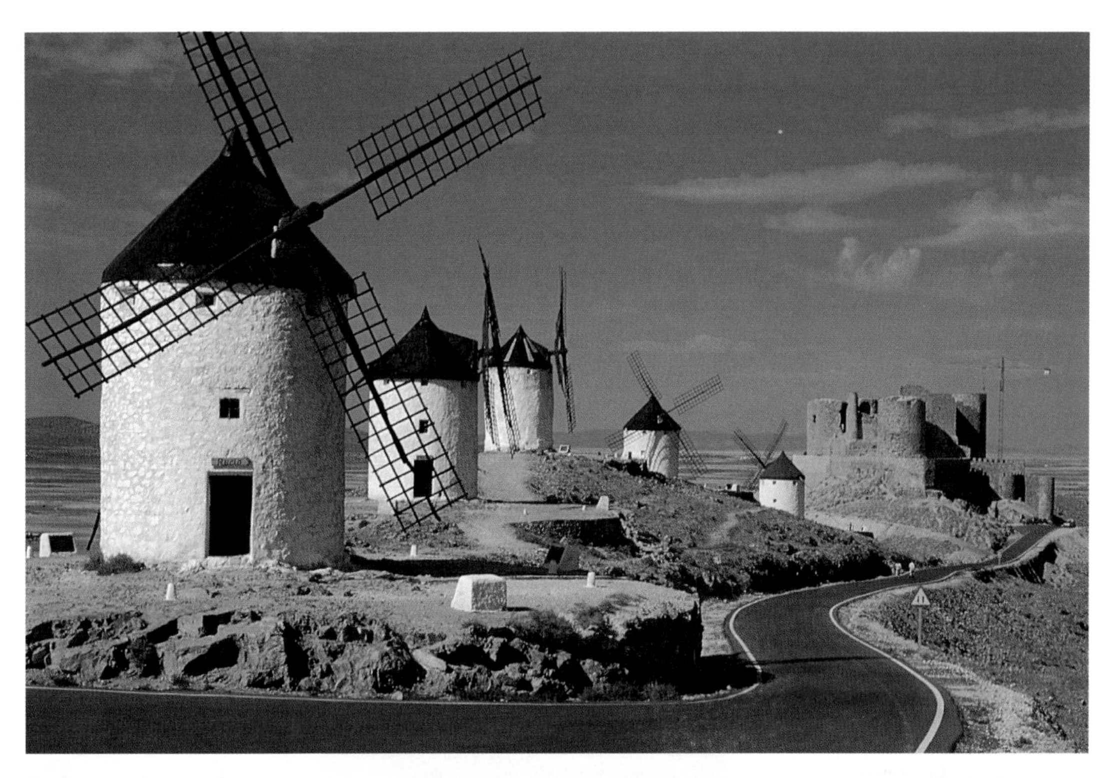

En la Mancha quedan todavía molinos de viento.

El castillo de Sigüenza, Guadalajara, tiene una larga historia: celtíbero, romano, visigodo, árabe ... y hoy hotel-parador.

Formigal (Huesca) 2224m, estación de esquí en los Pirineos

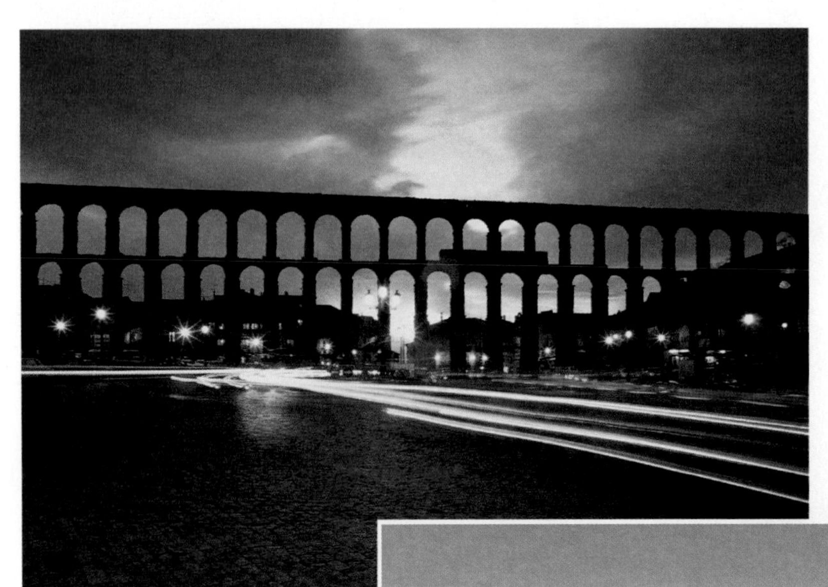

El acueducto de Segovia, de más de 850 metros de longitud, es una gran obra de la ingeniería romana.

Teatro romano, Mérida, para 6000 espectadores. Mérida, antigua capital de la provincia romana de Lusitania, es hoy la capital de la Comunidad Autónoma de Extremadura.

El Parador de San Marcos, León, del siglo XII es un antiguo hospital de peregrinos.

Valladolid es, después de Madrid, la ciudad castellana con más industrias. Hay grandes empresas como la Renault-España.

Museo de Arte Abstracto, Cuenca, en una de las Casas Colgadas (hanging houses)

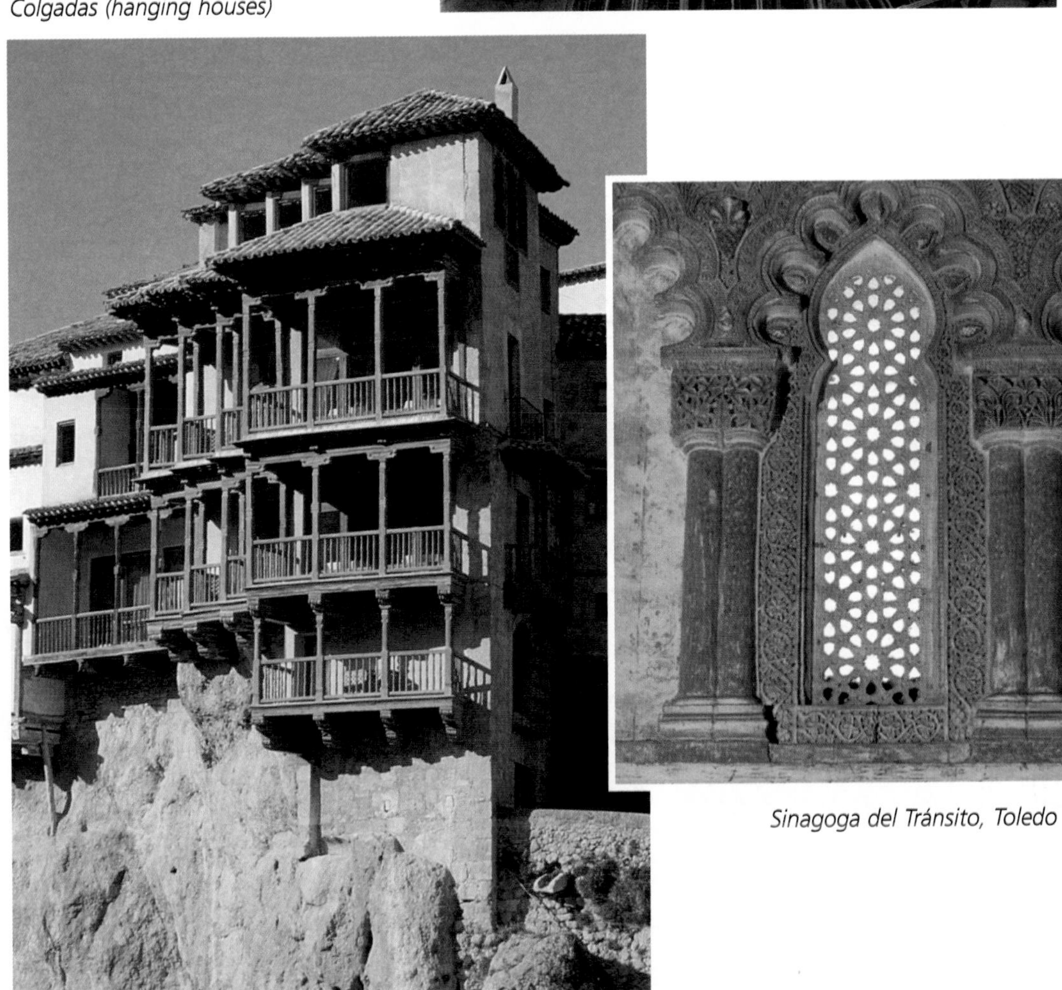

Sinagoga del Tránsito, Toledo

15 Salamanca

El paseo de San Vicente está en Salamanca, a orillas del río Tormes. Detrás del paseo están las grandes catedrales: la Catedral Vieja del siglo XII y la Catedral Nueva del siglo XVI.

En el paseo hay una oficina de correos, con el buzón delante. A la derecha de Correos está la librería Balmes y a la izquierda la agencia de viajes Meliá. Entre la librería y el Banco de Salamanca hay un restaurante.

En la calle, delante de la agencia, hay una bicicleta. Es de don Julián, el dueño de la librería. A la derecha hay dos coches: uno grande y otro pequeño.

Actividad

A Describa el dibujo. *Describe the picture.*
¿Dónde está la bicicleta/Correos/
el policía/el restaurante?
¿Dónde están los chicos/
las catedrales/los coches?
(en – detrás/delante de – entre
– a la izquierda/derecha de)

En Correos

- ◆ Buenos días. ¿Me da un sello?
- ❍ ¿Para España? *15*
- ◆ Sí, para Canarias, pero deme dos. ¿Cuánto es?
- ❍ Son setenta céntimos.
- ◆ Tenga. Ah, por favor, ¿qué hora es?
- ❍ Son las tres menos cuarto. *20*
- ◆ Muchas gracias.

16 Librería papelería

El dueño de la librería, don Julián, es un señor alto y delgado. Lleva siempre gafas muy gruesas.

En el local —que es enorme— hay diccionarios, carpetas, lápices, rotuladores, postales, sobres, calculadoras …

Muchos de los clientes de la librería son alumnos de un instituto que hay cerca de allí. *5*

◆ Buenos días, don Julián. Necesito un plano de Salamanca.
❍ ¿Un plano de Salamanca?
◆ Sí, es para la clase de geografía. ¿Cuánto vale el que está a la derecha de la puerta? *10*
❍ Cinco cincuenta y cinco.
◆ Es muy caro.
❍ Tengo otros planos … a ver … el pequeño que está allí, al lado de la escalera, sólo cuesta dos euros diez.
◆ Estupendo. *15*
❍ ¿Necesitas algo más?
◆ Sí, un bolígrafo.
❍ Están allí, debajo de las postales. Son baratos y bastante buenos. ¿Qué color? ¿Azul?
◆ No, rojo. *20*
❍ Muy bien. ¿Qué más?
◆ Nada más, gracias. Está bien.
❍ Toma. Son dos euros treinta y cinco en total.

❍ ¿Y usted, señor? ¿Qué desea?

Universidad de Salamanca

Actividades

A Conteste a las preguntas.

1 ¿Quién es don Julián?
2 ¿Cómo es? ¿Qué lleva?
3 ¿Qué hay en la librería?
4 Entra un chico. ¿Qué necesita?
5 ¿Por qué no compra el plano que está a la derecha de la puerta?
6 ¿Cuánto cuesta el plano que compra?
7 ¿Compra algo más?
8 ¿Cuánto paga?

D ¿Qué compra el señor?
Complete el diálogo en el libro de actividades.

17 Desayuno en la cafetería

1 Dos hombres miran la lista de precios que está encima de la barra.

El señor A ¿Qué tomas? ¿Un café?
El señor B No, el café no me gusta. Mejor un té.
5 *El señor A* ¿Y tostadas?
El señor B No sé. A ver qué tienen …

> **Actividad**
>
> **A** Y usted, ¿qué toma? Mire la lista.

2 Margarita es médica y trabaja en un hospital. Por la mañana, antes de ir al trabajo, desayuna casi siempre en la cafetería Doria.

10 Hoy está con su primo Ángel y con Ernesto, un amigo. Los dos trabajan en un banco. Además, por la tarde, hacen un Master.

El camarero Buenos días. ¿Qué desean?
Margarita Un café con leche y un bocadillo de queso, por favor. Manchego, ¡eh!
15 *El camarero* Sí, sí, sólo tengo queso manchego. Y ustedes, ¿qué toman?
Ernesto ¿Tiene café descafeinado?
El camarero Claro que sí.
Ernesto Pues entonces un descafeinado y tostadas.
El camarero Muy bien. ¿Y usted?
20 *Ángel* Deme un café solo y una ensaimada, por favor.
El camarero En seguida.
Ángel ¿Tienes fuego, Ernesto?
Margarita Pero chico, ¿otro cigarrillo? ¡Fumas mucho! Tienes que pensar más en tu salud.

> **Actividades**
>
> **B** ¿Qué desayunan Margarita, Ernesto y Ángel?
> ¿Quién desayuna mejor?
> *Who is eating the best breakfast?*
> ¿Cuánto pagan?
>
> 
>
> **E** Pronunciación: Entonación
> **1** Escuche y repita.
> g86 **2** Lea el diálogo 2 otra vez.

18 Un día completo

	Margarita	Pronto empiezan las clases, ¿no?
	Ángel	Sí, yo empiezo mañana y Ernesto, el veinte.
	Margarita	¿No empezáis el mismo día?
	Ernesto	Es que vamos a distintos cursos. Ernesto hace un Master
5		en Finanzas y yo en Economía.
	Margarita	Tenéis un horario muy bueno en el banco, ¿verdad?
	Ángel	¡Qué va! Cierra al público a las dos, pero nosotros no
		terminamos hasta las cinco o después.
	Ernesto	Y a las siete ya tenemos que estar en clase.
10	*Margarita*	¡Qué vida! … ¡Caramba! Ya son las ocho menos cuarto.
		Tengo que irme. ¡Hasta pronto!

Actividades

A Conteste a las preguntas.

1 ¿Qué día empieza el curso de Ernesto?
2 ¿Por qué no empieza el mismo día Ángel?
3 ¿A qué hora empiezan las clases?
4 ¿A qué hora terminan los jóvenes su trabajo en el banco?
5 ¿A qué hora cierra el banco al público?

B Ángel habla de sí mismo. ¿Qué dice?
Angel is talking about himself (his work, studies, where and with whom he is having breakfast today …). What does he say?
"Me llamo …"

F ¿Quién habla?

19 Una cita

Actividad

A Escuche y conteste a las preguntas.

1 ¿Dónde desayuna el Sr Galván?
2 ¿Cuánto paga?
3 ¿Qué profesión tiene?
4 ¿Cómo va a su oficina?
5 ¿Cuándo llega el cliente?
6 ¿De dónde es?
7 ¿Qué hace el Sr Galván a la una?
8 ¿Qué número de teléfono marca?

Suena el teléfono en casa del señor Galván. Contesta Ana, la hija.

Ana ¡Dígame!
El Sr Galván Hola, Ana. Soy papá. ¿Ya estás en casa?
5 *Ana* Claro que estoy en casa. Si ya es la una y pico. ¿Tú no almuerzas en casa hoy?
El Sr Galván No, guapa, no. ¿Está mamá?
Ana Sí, un momento.

El señor Galván no almuerza en casa hoy porque piensa ir a un
10 restaurante con el cliente de Londres. Piensan almorzar a eso de las dos en el restaurante Canaletas, que está en las Ramblas, esquina Pelayo.

Pregunta a su mujer si tiene tiempo para almorzar con ellos. Ella dice que sí, pero primero tiene que preparar la comida
15 para los niños.

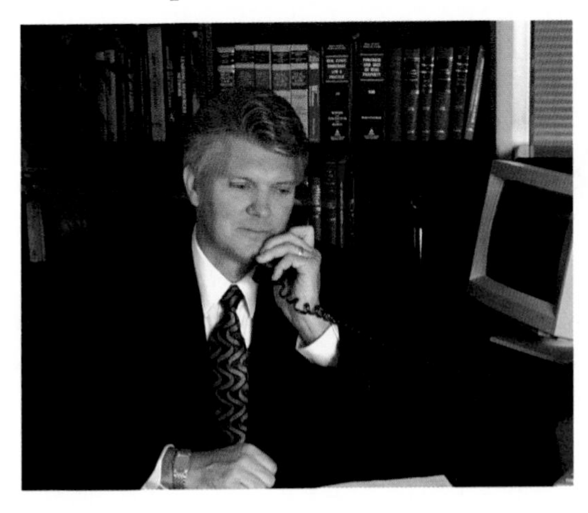

Actividad

D Imagine el diálogo entre el Sr y la Sra Galván (la hora, cuándo y dónde van a comer).

20 El este de España

En el este de España están las Comunidades Autónomas de Cataluña, País Valenciano y las Islas Baleares. Unos seis millones de personas hablan el catalán, aunque casi todos hablan
5 también el castellano.

En el **País Valenciano** la tierra es excelente y parte de la población trabaja en el campo. Llueve poco pero, gracias a los modernos sistemas de riego, la
10 producción agrícola es muy importante.

En las huertas se cultivan naranjas, limones y mandarinas. Gran parte de la fruta se exporta a otros países, sobre
15 todo de Europa. España es el primer país productor de cítricos de Europa y el tercero del mundo.

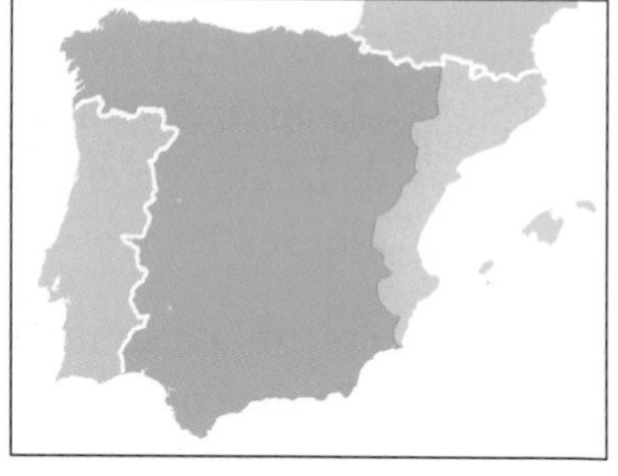

La tierra de Valencia produce también arroz, cebollas, tomates y pimientos. En el mar hay mariscos, como gambas, calamares
20 y mejillones. Estos son los ingredientes de la famosa paella valenciana.

Campo de naranjos

Ciudad de las Artes y la Ciencia, del arquitecto valenciano Santiago Calatrava

El Palmeral de Elche, Alicante, plantado por los árabes para producir dátiles, es el mayor bosque de palmeras de Europa.

Cataluña ocupa alrededor del 6 % del territorio del Estado español y tiene como el 15 % de la población total de España. Más de la mitad de su población trabaja en la industria, y alrededor del 40 % en los servicios. Es una comunidad muy industrializada. Muchos de sus habitantes proceden de otras partes de España.

Barcelona, la capital de la Comunidad Autónoma de Cataluña, tiene más de tres millones de habitantes. Es una ciudad moderna y dinámica. Tiene un importante centro histórico, el Barrio Gótico, donde hay edificios de la Edad Media.

En las **Islas Baleares**, como en toda la costa del Mediterráneo, el clima es agradable casi todo el año. El archipiélago balear es uno de los centros turísticos más famosos e importantes del mundo. No muy lejos de las zonas más frecuentadas hay rincones muy bonitos casi desconocidos.

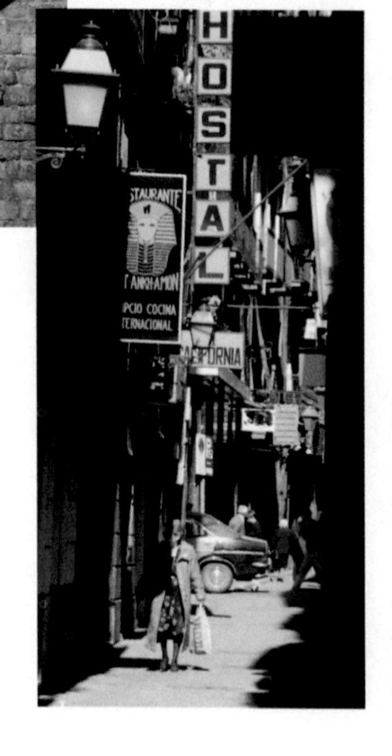

Barrio Gótico

La Sagrada Familia, en el corazón de Barcelona, es una obra del famoso arquitecto catalán Antonio Gaudí.

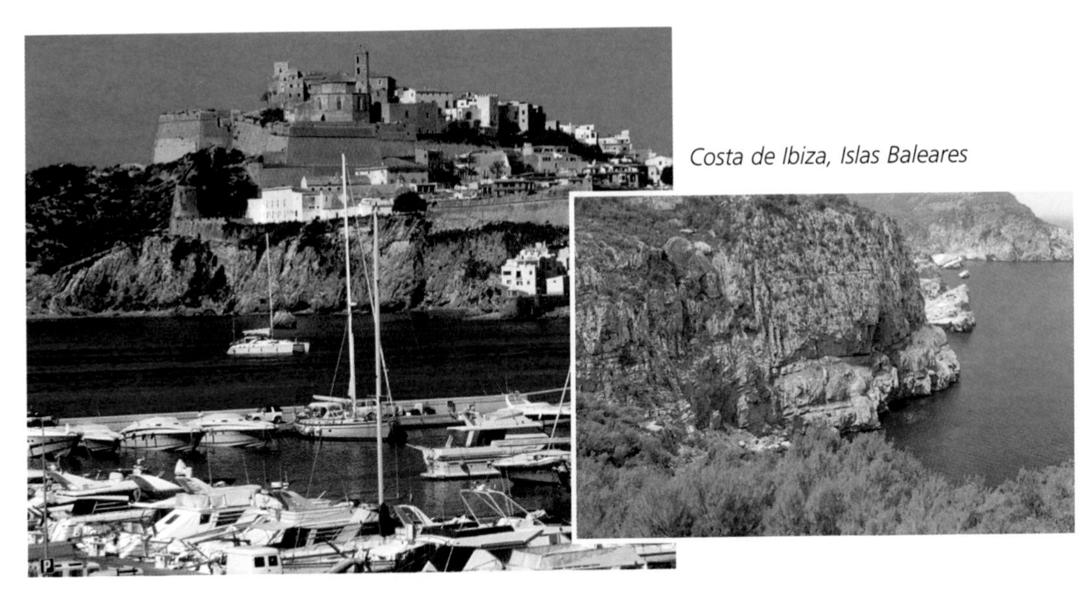

Costa de Ibiza, Islas Baleares

Barcelona, Parque de la España Industrial, en catalán: Parc de l'Espanya Industrial

La calle más popular de Barcelona es el paseo de las Ramblas, que va desde la plaza de Cataluña hasta el puerto. En las Ramblas venden flores, libros, periódicos, cuadros e incluso pájaros y otros animales.

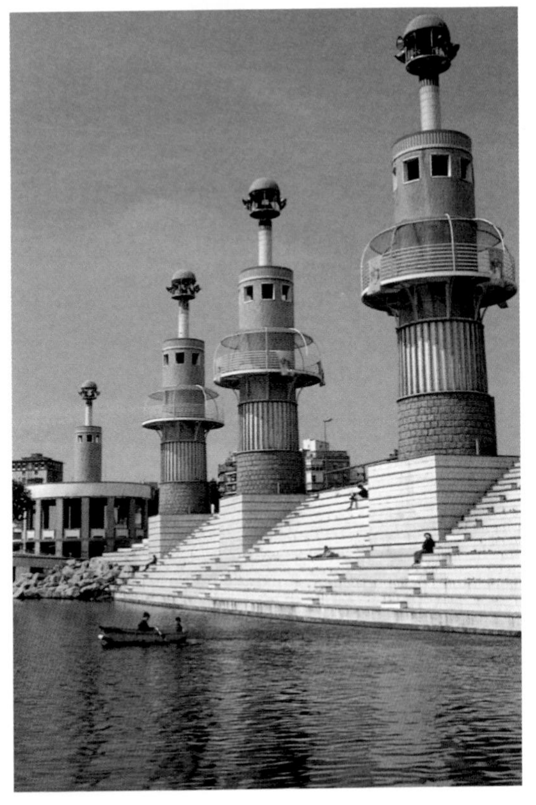

21 De paso por Elche

	El guía	Esta escultura se llama la Dama de Elche. Tiene más de dos mil años y es la obra más importante de la cultura ibérica …
	Un señor	Es preciosa …
5	*El guía*	Pero es una copia, ¡eh! El original está en Madrid, en el Museo Arqueológico.
	Un niño	Abuela, tengo sed. ¿Cuándo comemos?
	Una señora	¡Chsss …!
	El guía	Sí, ahora podemos descansar un rato. Allí hay un bar. Si quieren beber algo …
10	*El niño*	¿Sabe usted si venden helados?
	El guía	Creo que sí.

La Dama de Elche

	El guía	¿Qué quieren tomar?
	El niño	Para mí un helado de vainilla.
	El guía	¿Y usted, señora?
15	*La señora*	Un café con leche.
	El guía	¿No quiere nada más?
	La señora	No, así está bien.
	El guía	¡Camarero! ¡Oiga!
	El camarero	Diga, señor.
20	*El guía*	Por favor, un helado de vainilla, un café con leche y para mí una cerveza y algo de comer.
	El camarero	¿Quiere un bocadillo?
	El guía	Sí, un bocadillo de queso o … no, mejor uno de salchichón. Grande, por favor, que tengo hambre.
25	*El camarero*	Muy bien. En seguida, señores.

El niño Abuelita, ¿crees que venden postales aquí? Quiero enviar una a mamá.

La señora Sí, allí al lado. ¿Tienes dinero?

El niño Sí, todavía tengo los tres euros de la semana.

30 *El guía* Usted no es de aquí. Es castellana, ¿verdad? ¿De Valladolid?

La señora Casi, casi. Soy de Burgos. ¿Y usted?

El guía De Madrid. Trabajo aquí de guía durante las vacaciones pero soy de Madrid.

La señora ¿En Madrid trabaja también de guía?

35 *El guía* No, soy estudiante. Estudio Medicina en la Universidad Autónoma.

Actividades

D Cuente usted lo que sabe de las personas que están en el bar.
Say what you know about the people in the bar.

 **F** Pronunciación: b, v

22 Una llamada telefónica

Un coche con matrícula alemana aparca delante de una gasolinera en las afueras de Valencia.

El conductor saca una guía de hoteles que él y su mujer leen con mucha atención. Al fin, ella subraya el nombre y la dirección de un hotel.

Con la guía en la mano pregunta a un empleado, en un castellano perfecto:

◆ Por favor, ¿puedo llamar por teléfono a un hotel de Valencia? Tengo que reservar una habitación y mi móvil no funciona.

○ Lo siento. No tenemos teléfono. Tienen que ir a una cabina. Allí, al lado de la carretera, tienen una.

◆ Muchas gracias.

Actividades

A Escuche y conteste a las preguntas.

1 ¿A qué hotel llama la señora?
2 ¿Reserva una habitación individual?
3 ¿Con ducha?
4 ¿Para cuántos días?
5 ¿Cómo se llama la señora?
6 ¿Cuándo piensan llegar al hotel?
7 ¿Cuánto cuesta la habitación?

B Llame por teléfono y reserve una habitación en uno de los hoteles de la guía.

Guía de hoteles Valencia ciudad y provincia

Categoría	Nombre del establecimiento	Núm. habit.	Habit. doble* baño	Habit. doble* ducha	Desayuno	Comida
H ✱✱✱✱	**Plaza** Plaza Ayuntamiento, 15 D.P. 46002 Tel. 963 520613 plazhotel@valencia.es	90	170 €		8,50	24
H ✱✱✱	**La Barraca** Paseo Marítimo, 48 D.P. 46013 Tel. 963 347801 www.barrahotel.es	105	87 €		7	
H ✱✱✱	**Sorolla** C/ Barcas, 55 D.P. 46002 Tel. 963 523329 sorolla@hotelval.es	50	75 €	59 €	5	
HR ✱✱	**Florida** Blasco Ibáñez, 36 D.P. 46007 Tel. 963 524067 floridhotel@valencia.es	52		49 €		

sitio céntrico
sitio pintoresco
garaje
P parking
calefacción
aire acondicionado
piscina climatizada
admite perros

H Hotel
HR Hotel Residencia

* El precio de una habitación individual oscila entre el 60 y el 70% del de la habitación doble.

INSTRUCCIONES
Descuelgue el auricular y espere la señal. Introduzca una moneda de 10, 20 ó 50 céntimos en la ranura superior. Marque el número.

LLAMADAS INTERNACIONALES

Marque 00 y el indicativo del país. Sin esperar, marque el indicativo de población y seguidamente, el número del abonado.

País	Indicativo del país
Alemania	49
Austria	43
Dinamarca	45
Finlandia	358
Francia	33
Holanda	31
Noruega	47
Portugal	351
Reino Unido	44
Suecia	46
Argentina	54
Estados Unidos	1
México	52

Actividad

C Usted está en España y llama a su casa.
¿Qué números marca?
"Marco ..."

23 El tiempo …

Hace sol. Hace calor. Hace buen tiempo.

Está nublado. Llueve. Hace viento. Hace mal tiempo.

Nieva. Hace frío.

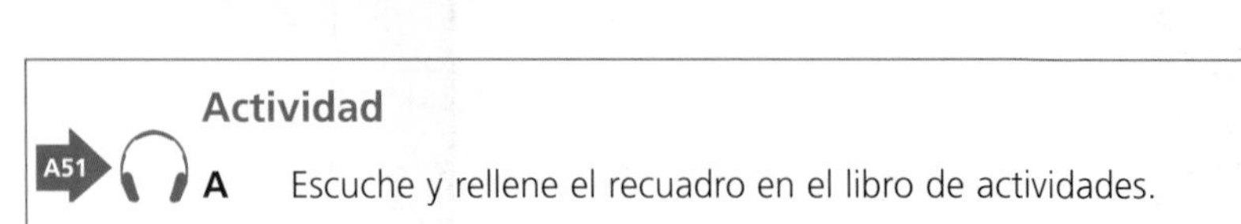

Actividad

A51 **A** Escuche y rellene el recuadro en el libro de actividades.

... y las estaciones del año

El verano *en casi toda España es muy seco.*

La primavera – *campo de amapolas.*

El otoño – *uvas maduras en septiembre.*

El invierno *en Andalucía es suave.*

24 En la playa

SOL Y MAR
SOL PLAYA
PISCINA
3
◆ Aquí en la playa hay siempre mucha gente.
❍ ¿Por qué no subimos a la piscina del hotel?
◆ Bueno, vamos.
PISCINA
CHIRINGUITO LA PLAYA
4
◆ Tenemos que escribir a los Pascual.
❍ Es verdad. Mira, en el chiringuito venden postales.
¿Por qué no escribís también a tía Luisa?
Actividad
5 D 1 ¿Qué tiempo hace?
2 ¿De qué hablan?
3 ¿La señora tiene sed?
4 ¿Qué toma?

25 Dos postales ...

Estoril, 18 de julio de 20 ...

Querido Antonio:

Ya estamos en Estoril. Vamos a estar aquí una semana y luego vamos a ir a Lisboa. Pensamos alquilar un coche. Federico Valle y su mujer están en el mismo hotel que nosotros. Mañana por la mañana ellos regresan a Cáceres.

Saludos,

Carlos y Elisa

Sr D. Antonio González
Calle Cádiz, 8
1007 Cáceres
ESPANHA

Altea, 15 de agosto de 20 ...

Hola:

¡Al fin vacaciones! La playa es muy bonita y hace muy buen tiempo. ¡Qué cielo tan azul tiene el Mediterráneo! No llueve nunca. Voy a quedarme aquí quince días.

Recuerdos a todos.

Besos y abrazos,

María

Srta. Mª Ángeles Audrade
c/ Azorín, 37
36780 La Guardia

(Pontevedra)

Actividad

A ¿Qué escriben Carlos y Elisa?
"Están en ..."

... y una carta de México

México D.F., 5 de diciembre de 20 ...

Queridos tíos:

¡Esta ciudad es realmente impresionante! ¡Cuánta gente! ¡Qué tráfico! Aquí viven unos 22 millones de habitantes.

Me imagino que ya sabéis que estoy en México. Voy a estar medio año para estudiar la industria del petróleo gracias a una beca del gobierno mexicano. Es muy interesante y aprendo mucho. Dentro de poco vamos a hacer una visita de estudios a las plataformas del golfo.

Los fines de semana hacemos excursiones. Este domingo vamos a ir a Teotihuacán, donde se encuentran las famosas pirámides de El Sol y La Luna. Más adelante vamos a ir a Tlalnelhuayocán (así se llama, no es broma).

Por lo demás llevo casi la misma vida que en Madrid: me levanto temprano, me acuesto tarde y trabajo mucho.

¿Qué tal estáis vosotros? ¿En Navidad os quedáis en Zaragoza o vais a San Sebastián?

Un fuerte abrazo de vuestro sobrino.

A ver si escribís.

Claudio

Actividad

I ¿Qué escribe Claudio a su amigo Bruno? Rellene la postal en el libro de actividades.

26 El sur de España

La Comunidad Autónoma de Andalucía, al-Andalus en árabe, es sobre todo una región agrícola. Produce, entre otras cosas, trigo, arroz, algodón, muchas frutas y el 80 % de las aceitunas españolas.

La tierra, sin embargo, está mal repartida. Hay fincas muy grandes que utilizan tractores, sembradoras y ordenadores, y necesitan pocos trabajadores. Como no hay muchas industrias, algunos andaluces no encuentran trabajo y emigran a otras partes de España o al extranjero.

Durante el verano, muchos pueden trabajar en los centros turísticos; pero este trabajo es casi siempre para unos meses. El gobierno intenta atraer visitantes durante todo el año para crear trabajos permanentes y solucionar el paro. La escasez de agua potable es también un problema grave en el sur.

Además del turismo tradicional, en las costas de Andalucía hay residentes extranjeros y de otras regiones españolas. Son, generalmente, jubilados que viven aquí todo el año.

La provincia de Murcia es otra Comunidad Autónoma. Su tierra es árida en el interior pero muy fértil en los valles al lado de los ríos y en la costa.

Dos ingenieros de Murcia:
El ingeniero eléctrico Isaac Peral idea el primer submarino español en 1884, y se fabrica cuatro años más tarde.

El ingeniero aeronaútico La Cierva (1895–1936) inventa el autogiro.

La influencia árabe en Andalucía es muy importante. Aquí la Alhambra (palacio rojo) de Granada. Al fondo, Sierra Nevada.

Mezquita de Córdoba

Alcazaba de Almería

Costa del Sol

Sevilla: el puente de la Barqueta nos lleva a la Isla de la Cartuja.

Olivares de Jaén

Embalse del Tranco. Aquí nace el río Guadalquivir.

Parque nacional Coto Doñana, Huelva: marismas

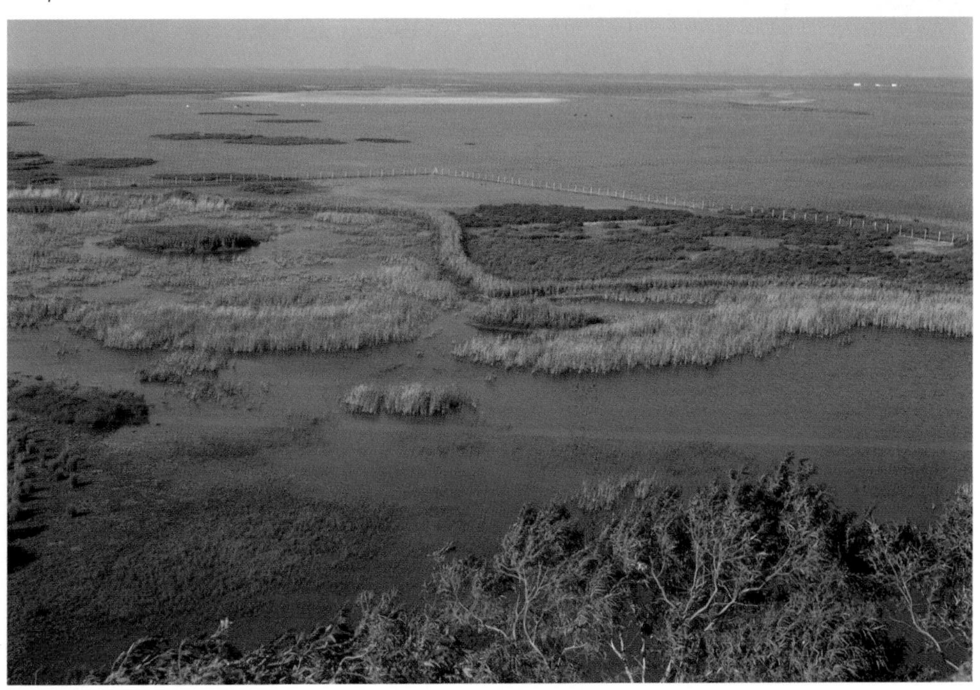

27 Un agricultor

Juan Casares es soltero. Vive con su madre en un pueblecito de la provincia de Málaga.

Tiene una pequeña finca de árboles frutales. También tiene animales: cerdos, gallinas y vacas. Todos los días, por la mañana, Juan da de comer a los animales y ordeña las vacas. El camión de la cooperativa transporta la leche a Málaga.

Juan y su madre se levantan temprano, a las seis de la mañana. Mientras ella prepara el desayuno, él se ocupa de los animales. Luego se ducha y después desayunan juntos en la cocina.

La madre Pero hijo, ¿no te afeitas hoy?

Juan No, voy a bajar con el camión a Málaga y voy a afeitarme en la peluquería.

La madre ¿A Málaga hoy?

Juan Sí, ¿no te acuerdas? Tengo que ir al dentista.

La madre ¡Es verdad! ¿Por qué no le llevas una cesta con fruta al tío?

Juan Sí, buena idea. Pero mejor en la mochila.

La madre Y, si tienes tiempo, puedes hacer un par de recados. Necesito pilas para la radio y bombillas de 60.

Juan Muy bien, el camión no puede tardar.

La madre Me parece que llega ahora. Ya está aquí. Hace frío. ¿No te pones la cazadora?

Juan Sí, sí … Hasta luego.

La madre Adiós.

Actividades

A Juan Casares habla de sí mismo (presentación). ¿Qué dice?
"Me llamo ..."

B ¿Qué va a hacer Juan Casares hoy (diálogo)?
"Va a ..."

D Describa el dibujo.
(delante de – al lado de)

28 En la peluquería ...

	El peluquero	¡Hola, Juan! ¡Cuánto tiempo sin verte!
	Juan	Es que ahora tenemos mucho trabajo. He bajado porque tengo que ir al dentista.
	El peluquero	Y tu madre, ¿ha venido también?
5	*Juan*	No, he bajado solo.
	El peluquero	¿Cómo está? ¿Se encuentra bien?
	Juan	Muy bien, gracias.
	El peluquero	Y, ¿qué hacemos? ¿Afeitar y cortar?
	Juan	Sí, por favor, y lavar.
10	*El peluquero*	¿Cómo quieres el pelo? ¿Como siempre?
	Juan	Sí, no muy corto. Bueno, un poco más corto que ahora, pero no mucho.

… y en casa de nuevo

	La madre	Te han cortado el pelo muy bien. Pareces otro. ¿Dónde has estado? ¿En la peluquería de la Iglesia?
15	*Juan*	No, en la del Mercado.
	La madre	¿Has comprado las pilas?
	Juan	Sí, y las bombillas. Además he encontrado unas botas de deportes muy baratas en el mercado.
	La madre	¿Sí? ¿Y qué tal en el dentista?
20	*Juan*	Estupendo. Me ha ido muy bien, y muy rápido. Luego he estado con el tío.
	La madre	¿Y cuenta algo nuevo?
	Juan	Está en paro otra vez. Ha buscado trabajo en muchas partes pero nada … La cosa está fatal.
25	*La madre*	¡Qué mala suerte, pobres! … Y, ¿qué habéis hecho?
	Juan	Nada especial. Hemos dado una vuelta por el puerto y después hemos tomado unas tapas. … Ah, y ha dicho que muchas gracias por la fruta.

Puerto de Málaga

Actividad

C Cuente lo que ha hecho Juan Casares hoy.
(dar de comer – ordeñar – desayunar – bajar con el camión – ir a la peluquería – comprar – encontrar – ir al dentista – estar con el tío – dar una vuelta – tomar unas tapas)

29 ¿Qué le pasa?

1
- ◆ ¿Qué le pasa?
- ❍ Parece que le duele la pierna.

2
- ◆ ¿Qué te pasa?
- ❍ No sé, me duele la rodilla.
- ◆ ¿Te duelen las dos?
- ❍ No, sólo la izquierda.

30 Tiempo libre

Encuesta

¿QUÉ HACES EN TU TIEMPO LIBRE?

Los días laborables: Entreno en un equipo de fútbol, hago (cuando puedo) los deberes.

El sábado: Generalmente duermo hasta las diez. Desayuno y luego juego al fútbol. Por la tarde salgo a dar una vuelta con los amigos.

El domingo: Voy al fútbol, escucho la radio.

Nombre y apellido: Modesto Sílvez **Edad:** 17 años

2

¿QUÉ HACES EN TU TIEMPO LIBRE?

Los días laborables: Escucho música, toco la guitarra y veo la tele.

El sábado: Por la mañana ayudo en casa y por la tarde leo o voy al cine con mis amigos o a bailar.

El domingo: Por la mañana voy a misa, almuerzo con mi familia en casa o fuera. A veces vamos a casa de los abuelos o al campo.

Nombre y apellido: Paula Jiménez **Edad:** 20 años

Actividades

A ¿Qué hacen Modesto y Paula en su tiempo libre?

B ¿Qué hace usted en su tiempo libre? Conteste a la encuesta.

Vocabulario

tocar un instrumento:		*practicar un deporte:*		*otras actividades:*
tocar	el piano	jugar	al tenis	cocinar
	la flauta		al balonmano	jugar al ajedrez
	la trompeta		al baloncesto	jugar a las cartas
	en una orquesta		al vóleibol	coleccionar sellos
		esquiar		ir al teatro
		patinar		ir a la discoteca
		nadar		ir de paseo
				salir a tomar una copa
				jugar con el ordenador

H ¿Qué cuenta la señora?
Escuche y anote la información en el libro de actividades.

31 Sobre gustos no hay

«Dos viejos comiendo»
de Francisco de Goya
(1746–1828)

¡Qué horror!
Esto es una tomadura de pelo.

Actividades

A ¿Qué frases expresan algo positivo y qué frases expresan algo negativo?

B ¿Qué opina usted del cuadro?

D Otro pintor español: Salvador Dalí.
Escuche y complete el texto en el libro de actividades.

nada escrito

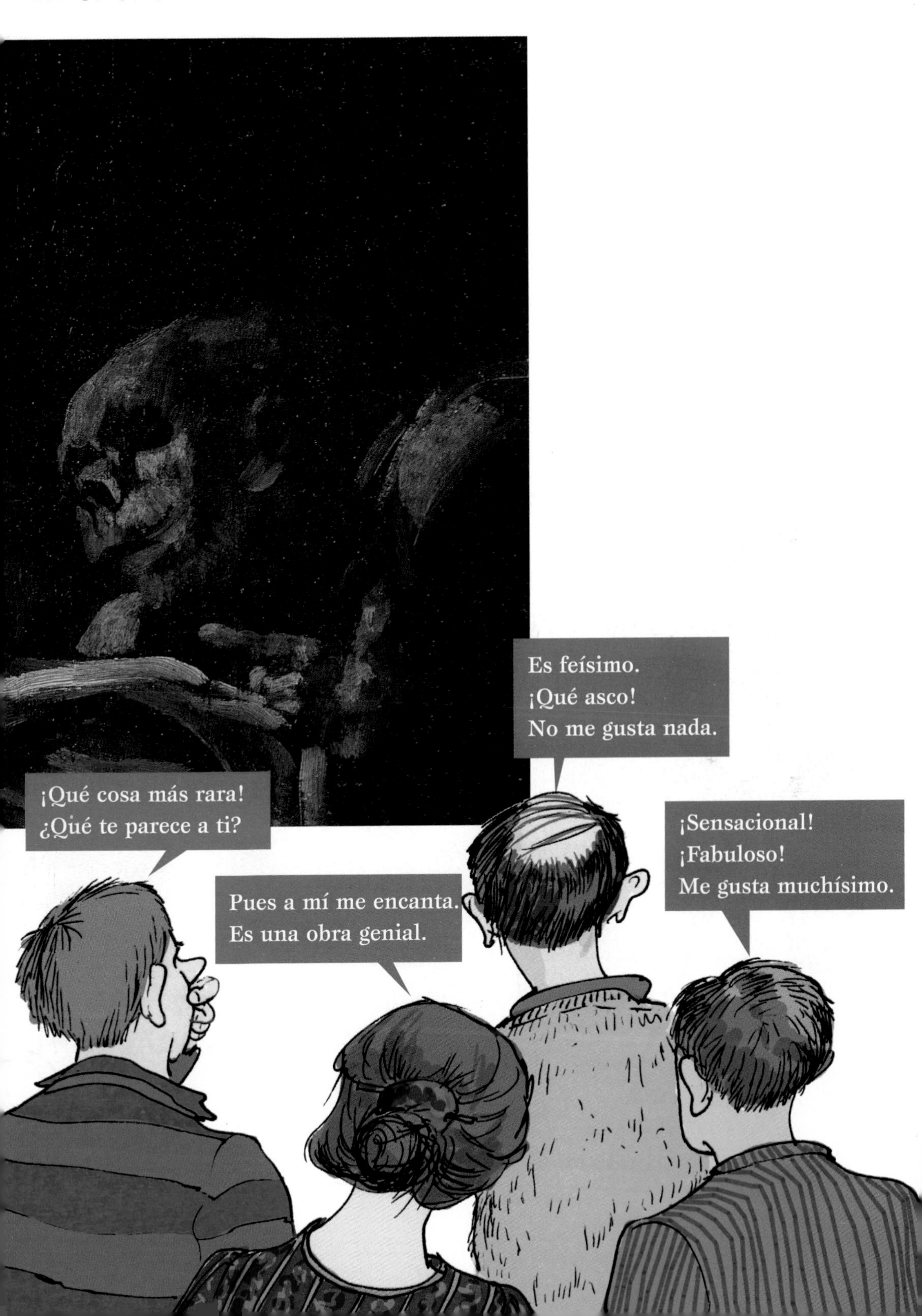

32 De compras

- ◆ ¿Cuánto cuesta el abrigo?
- ❍ 115,50 euros.
- ◆ ¿No tiene un abrigo más barato?
- ❍ No, este es el abrigo más barato que tengo.

Actividad

C Compre ropa.

change	*abrigo*	*115,50 €*
to	falda	29,90 €
	jersey	55,30 €
	camiseta	18,80 €
	cazadora	74,00 €

Unas botas de cuero …

En El Corte Inglés también hay rebajas.

Laura y Miguel van de compras. Entran en la sección de caballeros.

	Laura	Espera, aquí hay botas rebajadas.
10	*Miguel*	Parecen de plástico …
	Laura	No, chico, no. Son de cuero.
	Miguel	Señorita, por favor. ¿Cuánto cuestan estas botas?
	La dependienta	59,90 euros.
	Miguel	¿No tiene unas botas más baratas?
15	*La dependienta*	No, estas son las botas más baratas que tengo. ¿Qué número calza?
	Miguel	El 43. ¿Qué colores tiene?
	La dependienta	Marrón y negro.

Miguel se prueba las botas marrones.

20	*Miguel*	Me quedan muy bien. ¿Qué te parece?
	Laura	Sí …, pero el negro es mejor. Es más práctico.
	Miguel	Bueno, me quedo con las negras.

25 Después de pagar, Miguel acompaña a Laura a la sección de señoras que está en la misma planta.

Actividad

D Conteste a las preguntas.

1 ¿Dónde están Laura y Miguel?
2 ¿Por qué están allí?
3 Laura ve unas botas rebajadas. ¿Son de plástico?
4 ¿Cuánto cuestan?
5 ¿No tienen unas botas más baratas?
6 ¿Qué número calza Miguel?
7 ¿Qué botas se prueba Miguel?
8 ¿Por qué compra las botas negras?
9 ¿Adónde van después?

… y un jersey de lana

Laura Mira, Miguel, a ver si encuentro un chaleco o un jersey. Señorita, ¿es de lana este jersey verde?

La dependienta Sí, claro. De lana merino pura. ¿Qué talla tiene usted?

Laura La 38.

35 *La dependienta* En rebajas tenemos sólo la talla 40, pero estos jerseys son bastante pequeños.

Laura A ver … ¿Te gusta, Miguel?

Miguel Sí, sí, es muy bonito.

La dependienta Es muy barato. Normalmente son mucho más caros.

40 Dos días más tarde, Miguel regala las botas a su hermano menor porque … son demasiado pequeñas. Laura regala el jersey a su hermana mayor porque … es demasiado grande.

Han hecho la peor compra del año.

Actividad

E Conteste a las preguntas.

1 ¿Qué compra Laura?
2 ¿Estas rebajas son de invierno o de verano?
3 ¿Qué hacen Miguel y Laura más tarde con lo que han comprado?

33 En el número 85

En la calle del Coso, en Zaragoza, quedan muy pocos porteros. Casi todos los edificios tienen portero automático.

En el número 85, un edificio de estilo modernista, hay sin embargo una portera. Es una señora de edad. Lleva más de quince años en esta casa y conoce bien a todos los que viven en ella.

Una tarde, mientras está limpiando la escalera, entran dos repartidores de los almacenes El Corte Inglés con un frigorífico.

Un repartidor Buenos días. ¿Los señores Gimeno viven aquí?
La portera Sí, en el segundo piso.

Los repartidores van hacia el ascensor.

La portera ¡Ah, no! El ascensor es demasiado pequeño para un frigorífico. ¡No es un montacargas! Tienen que subir por la escalera.
15 Además, yo creo que no hay nadie. El piso está vacío todavía. No se casan hasta la semana que viene.

El repartidor ¿Y dónde ponemos el frigorífico? ¿En la portería?

La portera ¡Ay, por Dios! Eso sí que no. ¡En la portería no cabe ni un alfiler! Los padres de la señorita viven en el tercero. A lo mejor
20 ellos tienen la llave.

El repartidor Bueno, bueno, gracias … vamos a subir.

La portera Un momento … miren … ahí llega la señorita. Hola, buenos días, Isabel. Estos señores son de El Corte Inglés. Traen el frigorífico.

25 *Isabel* ¡Qué bien! Vengo de allí precisamente. Ahora subo. Si viene alguien, estoy arriba. No salgo más hoy.

Actividad

g17 **A** ¿En qué piso viven las personas? Pregunte y conteste.

◆ ¿En qué piso vive Antonia Medina de Girón?

❍ Vive en el primer piso, izquierda.

34 El piso y los muebles

5 el sofá
6 el armario
7 la cama
8 el sillón
9 la alfombra
10 la cómoda
11 la lámpara
12 la mesa de noche

Actividad

g19 g20

A Coloque los muebles en el piso.
Place the furniture in the flat.

Hogar, dulce hogar

Isabel está sola en su nuevo piso. En el vestíbulo quedan todavía un montón de cajas, paquetes y muebles. Llaman a la puerta.

5 *Isabel* Adelante, la puerta está abierta.

Javier Hola, Isabel.

Isabel Hola, Javi. ¿Vienes solo?

Javier No, vienen también Fernando y Anita. Están aparcando el coche.

10 *Isabel* ¿Quién es Anita? No la conozco.

Javier ¿No conoces a la novia de Fernando? Sí, mujer, una chica rubia y delgada …

Isabel No, no la conozco, pero cuantos más, mejor. Rafa no ha llegado todavía. Ha ido a la estación a buscar a su hermano.

15 *Javier* Mira, ahí vienen Anita y Fernando.

Fernando Hola, Isabel. Te presento a Anita.

Isabel Encantada.

Anita Mucho gusto.

Fernando ¡Qué piso! ¡Qué suerte habéis tenido … con una terraza tan
20 grande y todo! Aquí podéis cenar al aire libre.

Todos se ponen a trabajar.

Fernando Isabel, ¿dónde pongo estos cuadros?
Isabel Puedes ponerlos en la sala, debajo de la ventana, en el suelo.
25 *Anita* ¿Y estas tazas? Las pongo en la cocina.
Isabel Sí … no, espera … en el comedor, mejor.

Una hora más tarde:

Javier ¿Descansamos un rato?
Isabel De acuerdo. Vamos a comer algo. Si queréis, hago una
30 tortilla y una ensalada.
Fernando Buena idea. Te ayudamos.
Anita ¿Dónde están los platos? No los veo.
Javier Los he puesto en el armario, al lado de los vasos.

Actividad

D Escuche y conteste a las preguntas.

1 ¿Quién llama por teléfono?

2 ¿Qué dice?

35 ¿Un buen negocio?

La dependienta Buenas tardes. ¿En qué puedo servirle?

Un señor Buenas tardes. He visto un plato de porcelana en el escaparate …

La dependienta ¿Aquel azul? Es inglés. ¿Lo quiere ver?

El señor Sí, por favor. ¿Cuánto cuesta?

La dependienta Ciento diez euros. Es de muy buena calidad.

El señor ¿Ciento diez? Es demasiado caro. Pienso gastar unos cincuenta euros o algo así …

La dependienta A ver … claro, cincuenta euros no es mucho hoy en día … ¿Y aquella jarra con flores?

El señor ¿Cuál? No la veo … Ah, sí … no, es demasiado pequeña.

Hay un plato roto en el mostrador. El señor lo mira.

El señor ¿Y este plato? Es precioso …

La dependienta ¿Ah, este? El doble, doscientos veinte euros … nuevo, claro. Es antiguo.

El señor ¿Y así … roto?

La dependienta Hombre … roto no lo quiere nadie …

El señor Yo puedo pagar veinticinco eu …

La dependienta Si me da treinta y cinco …

El señor Muy bien. Haga el favor de enviarlo hoy mismo a la oficina central de la Seat, en esta misma calle, al señor don Enrique Lapaz.

La dependienta No faltaba más.

—Qué cliente más raro —piensa la dependienta—, un plato roto.
—Qué negocio —piensa el señor, cuando sale de la tienda.— Un regalo tan elegante por sólo treinta y cinco euros. Sin duda, este va a ser el mejor regalo.
Su jefe, Enrique Lapaz, se va a casar.

Al día siguiente entra muy contento en la oficina.

El señor ¡Hola, chicos! ¿Ha recibido mi paquete el jefe?

Un empleado Sí, lo ha abierto y está muy ofendido. ¡Un plato roto!

35	*El señor*	¿Roto? ¿Qué dices? ¡Qué mala suerte! Seguro que lo han roto por el camino. ¡Qué patosa es la gente!
	El empleado	Por el camino, ja, ja … Si ha llegado en dos paquetes. Yo mismo los he visto. Un paquete para cada trozo, muy bien envueltos. El jefe te quiere matar.

En el Rastro

40		
	Un señor	¿Cuánto vale el reloj?
	El vendedor	Cincuenta y cinco euros.
	El señor	Es muy caro.
	El vendedor	Es un buen reloj.
45	*El señor*	Es un reloj viejo.
	El vendedor	¿Cuánto me da?
	El señor	Le doy treinta y cinco.
	El vendedor	Cuarenta y cinco, señor.
	El señor	Cuarenta, ¿vale?
50	*El vendedor*	¡Vale! Tome usted.

Actividad

D **1** Pregunte y conteste.

◆ ¿Cuánto me da usted por el reloj?
❍ Le doy cuarenta euros.

el anillo	35 €	la pulsera	15 €
el equipo de música	47 €	la plancha de vapor	10,50 €
la radio	11 €	el ordenador portátil	250 €
el despertador	16 €	la videocámara	55 €

2 La misma actividad usando **tú**.

◆ ¿Cuánto me das por …?
❍ Te doy …

36 El norte de España

En el norte de España existen seis Comunidades Autónomas: La Rioja, Navarra, País Vasco, Cantabria, Asturias y Galicia.

En esta zona, conocida como «la España verde», el clima es suave en la costa, frío en las montañas, y llueve mucho. La temperatura media de San Sebastián, en agosto, es de 18 grados (en Madrid, en el mismo mes, es de 24 grados). 5

Gracias a la lluvia hay bosques y prados con abundante ganado vacuno. Aquí se produce casi la mitad de la leche que se consume en España.

La producción industrial es muy importante en todo el norte. También lo es la agricultura: manzanas en Asturias, patatas en Galicia y Asturias, hortalizas en Navarra. En la comarca de la Rioja se producen algunos de los mejores vinos de España. 10 15

En la costa y en las rías hay mucha pesca. Galicia, donde se habla gallego, es la primera región pesquera de España. La conserva de pescado y la ganadería son las principales industrias. 20

La ganadería tiene gran importancia en toda la España verde.

El impresionante Parque nacional de los Picos de Europa está situado al sur de las comunidades de Cantabria y Asturias.

San Fermín, 7 de julio, es el patrón de Pamplona, capital de Navarra.

Bilbao: indicaciones en español y vascuence

España junto con Japón son los mayores consumidores de pescado del mundo.

La Concha, playa de San Sebastián

En el País Vasco *(Euskadi)* la lengua es el vascuence, o *euskera*. Tiene tres provincias y la capital es Vitoria-Gastéiz, ciudad de una calidad de vida muy alta. Bilbao, con un importante puerto
25 comercial, es una de las mayores ciudades de España. Sus antiguos astilleros son hoy modernos edificios.

«Elogio del horizonte», escultura de Eduardo Chillida, Gijón

Actividades

A **1** Describa una foto de las páginas 79–81.
Su pareja tiene que adivinar cuál es.
Describe one of the photos on pages 79–81.
Your partner guesses which it is.

2 Escriba unas frases sobre dos de las fotos.

D Escuche la canción.

37 Un joven gallego

Por la mañana

La señora Ferreira Parece que va a hacer buen día hoy.

Octavio ¡Ojalá! Lleva más de una semana lloviendo. ¿Me has preparado los bocadillos, madre?

La señora Ferreira Ya están en la bolsa, con el termo del café.

El señor Ferreira Tienes cara de cansado …

La señora Ferreira Hombre, claro que está cansado. Si ayer llegó a casa tardísimo.

El señor Ferreira ¿A qué hora llegaste?

Octavio Tan tarde no llegué … a eso de las dos. Julián volvió de Madrid y su hermana nos preparó una merluza riquísima. Cenamos juntos. Lo pasamos estupendamente.

Octavio Ferreira vive con sus padres en Villar Fernando, un pueblo situado a orillas de la ría de Ribadeo. Tiene cuatro hermanos y todos son mayores que él.

15 El mayor, que es el único que está casado, emigró a América hace ya muchos años. El segundo y el tercero viven en Vigo. El cuarto está de sargento en Ceuta.

Como el padre ya es viejo, Octavio sale solo a pescar a la ría.

Actividad

A Octavio Ferreira habla de sí mismo. Cuenta quién es. Habla también de su familia. ¿Qué dice?
"Me llamo …"

Por la tarde

Por la tarde Octavio regresa al puerto, descarga las cajas con la pesca y las lleva a la lonja para subastarlas.

En menos de una hora, Octavio vende toda la pesca … ¡y a buen precio! Satisfecho con la venta, se va luego al bar a hablar con otros pescadores.

Un pescador Hola, Octavio. Ayer no te vimos por aquí. ¿Qué hiciste?

Octavio Fui a buscar a Julián a la estación y luego fuimos a cenar juntos.

Otro pescador ¿Fuisteis al restaurante nuevo?

Octavio No, no, cenamos en su casa. Su hermana nos preparó una merluza estupenda.

El pescador Ah, sí, ella tiene buena mano para la comida.

Actividades

C Escuche. ¿Qué compra el señor? ¿Cuánto paga?

D Cuente lo que hizo Octavio Ferreira aquel día por la tarde. "Por la tarde Octavio regresó …"

38 Para estar más segura

Hace unos meses los señores Domínguez, Beatriz y Miguel, decidieron por fin realizar su soñado viaje a México.

A finales de mayo compraron los billetes de avión para el 23 de junio.
5 —Yo no quiero llevar dinero —dijo Beatriz—. Podemos llevar una tarjeta de crédito. Es más seguro.
—Nada de tarjetas de crédito —decidió Miguel de forma poco democrática.

El día 13 compraron las divisas, 17.500 pesos, y recogieron los
10 pasaportes en la gestoría. Cuando llegaron a casa Beatriz dijo:
—¿Y si un ladrón nos lo roba todo? ¡Qué desgracia! Tenemos que esconder bien el dinero y los pasaportes.
—Mujer, por dios —dijo Miguel.
Sin decir nada a su marido, Beatriz, para estar más segura,
15 puso el dinero y los pasaportes en una bolsa de plástico y la escondió en el horno.

El 21 por la noche, llegó un amigo con tres pizzas y una botella de Rioja tinto para celebrar la despedida. Miguel encendió el horno. Se calentó, se calentó … y empezó a salir un humo
20 oscuro y un olor a plástico quemado. ¡Qué tragedia! Beatriz corrió a la cocina. Abrieron el horno. ¿Qué vieron? Sus ilusiones convertidas en humo.

Actividad

A El día 22 Beatriz le escribió una carta a su amiga Paula.
Escriba usted la carta.
(decidir – comprar billetes – recoger – poner – esconder – llegar un amigo – encender – calentarse – empezar a salir – correr – abrir – ver)

39 En el mercado

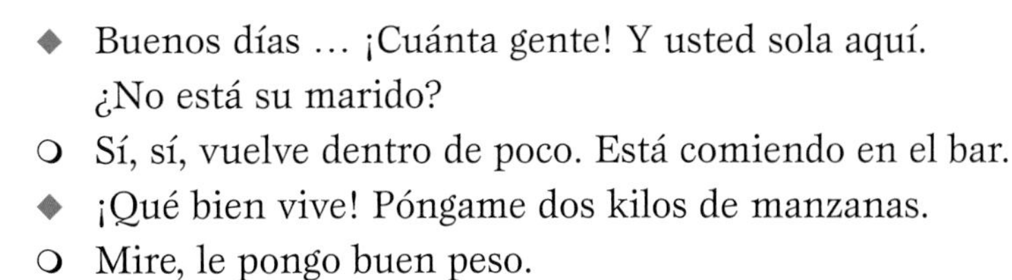

- ◆ Buenos días … ¡Cuánta gente! Y usted sola aquí. ¿No está su marido?
- ❍ Sí, sí, vuelve dentro de poco. Está comiendo en el bar.
- ◆ ¡Qué bien vive! Póngame dos kilos de manzanas.
- ❍ Mire, le pongo buen peso.
- ◆ Muy amable, gracias … y medio kilo de uvas.
- ❍ Estas de Almería son muy dulces.
- ◆ Pero están verdes.
- ❍ No, es el color. Están maduras.
- ◆ Bien, deme un kilo entonces. Y … ¿tiene algún melón?
- ❍ No, no me queda ninguno. ¿Quiere una sandía? Son de Valencia.
- ◆ Bueno, deme una pequeña.
- ❍ ¿Algo más?
- ◆ No, está bien. ¿Cuánto le debo?
- ❍ Tenga. Son … seis sesenta y cinco.
- ◆ ¿Tanto? ¡Cómo suben los precios!
- ❍ Sí, hija, sí … ¡Adiós! ¡Que lo pase bien!
- ◆ Igualmente. ¡Adiós!

Actividad

B Escuche y conteste a las preguntas.

1. ¿Qué compra el señor?
2. ¿Qué cantidad?
3. ¿Cuánto paga?

40 Perú: dos lados de la misma cara

Córdoba. Clase de Ciencias Sociales.
El profesor y algunos alumnos han traído material para ilustrar un trabajo sobre América Latina: fotos, CDs, libros, folletos, carteles, un video …

5 —Yo estuve en América Latina, concretamente en el Perú, hace dos años —cuenta el profesor y enseña unas fotografías—. Me chocó mucho la pobreza que hay todavía en aquel país. En la capital, Lima, vi escenas un poco tristes.

Pasé también unos días en un poblado indígena, en los
10 Andes, cerca del lago Titicaca. Los indios trabajan la tierra como nosotros hace cien años.

Hice además una excursión a la selva del Amazonas, que es impresionante. También allí viven de forma primitiva, pero la gente parece feliz y pienso que ese modo de vida puede ser más
15 auténtico. Claro que, a veces, no tienen escuelas ni hospitales.

—Bien, eso depende —dice uno de los estudiantes—. Estas fotos no dan una imagen real de Hispanoamérica, muestran solo una cara.

—Es cierto, es cierto —contesta el profesor—, hay que tener
20 mucho cuidado con las generalizaciones …

—Las fotos que yo he traído son precisamente también de Perú —continúa el estudiante—. Estuve allí con mis padres el año pasado, por Navidad. Pudimos ir porque mi padre es piloto de Iberia.

25 Estuvimos en Lima y en Cuzco y además visitamos una finca entre estas dos ciudades … No me acuerdo cómo se llama el lugar. Es propiedad de un pariente de mi madre. Allí no vi más que maquinaria moderna.

Catedral, plaza de Armas, Lima

Centro comercial, Lima

«El Niño» causa otra inundación.

Lago Titicaca

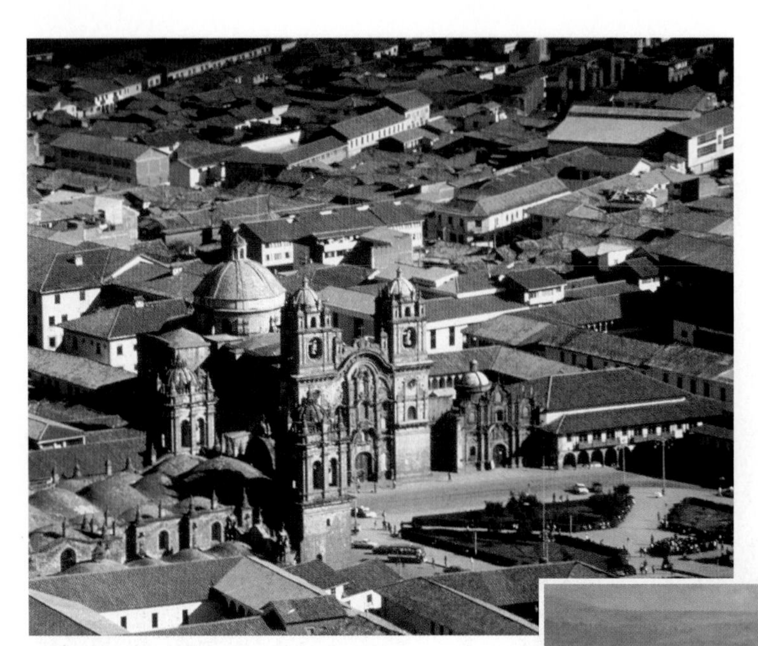

Catedral de Cuzco

Agricultura tradicional

En Lima, aunque sólo estuvimos un par de días, lo que vi me encantó … la Catedral, la plaza de Armas y un montón de museos. Y el barrio de Miraflores, donde vivimos en casa de un colega de mi padre, es elegantísimo.

Bueno, además en el país hay monumentos impresionantes de la cultura inca, en Cuzco, en Machu Picchu …

Es verdad que estuvimos poco tiempo, pero la impresión que me llevé fue muy positiva.

Actividad

A **1** ¿Qué fotos cree usted que ha traído el profesor? ¿Y el alumno?

2 Escriba un texto breve para cada foto (páginas 89–91).

Machu Picchu. Esta ciudad, maravilla de la cultura inca, está situada a 80 km al noroeste de Lima.

La Colmena, edificio moderno de Lima

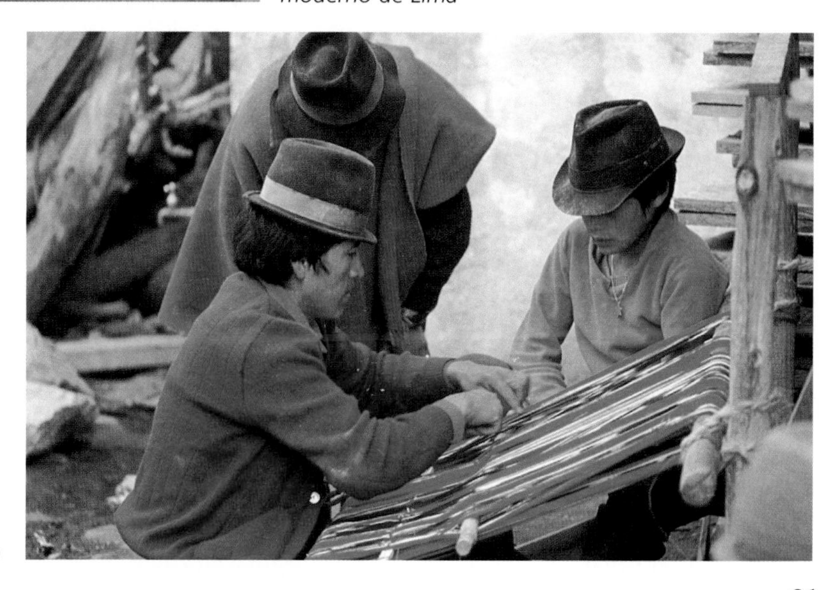

Artesanía peruana

Expressions and phrases

Greetings

Buenos días.	*Good day./Good morning.*
Buenas tardes.	*Good afternoon./Good evening.*
Buenas noches.	*Good night.*
Hola.	*Hi!/Hello!*
◆ ¿Cómo está usted?	*How are you?*
❍ Muy bien, gracias. ¿Y usted?	*Very well, thanks. And you?*
¿Cómo está la señora Gómez?	*How is Mrs Gómez?*
¿Se encuentra bien?	*Is she well?*
◆ ¿Qué tal?	*How are things with you?*
❍ Bien, ¿y tú?/¿y usted?	*Well, and you?*
¿Qué te pasa?	*What's wrong with you?*
¡Cuánto tiempo sin verte!	*It's a long time since we last met.*
Adiós, hasta mañana.	*Goodbye. See you tomorrow.*
hasta luego.	*'Bye for now.*
hasta pronto.	*See you soon.*
hasta el viernes.	*See you on Friday.*
Carlos, te presento a Anita.	*Carlos, may I introduce you to Anita /this is Anita.*
Encantado./Encantada.	*Delighted to meet you.*
Mucho gusto.	*Very pleased to meet you.*
Adelante.	*Come in.*

Congratulations, good wishes

¡Felicidades!	*Happy birthday! /Congratulations!/ Best wishes!*
¡Que lo pase bien!	*Have a good time. (formal)*
¡Que lo pases bien!	*Have a good time./Have fun. (informal)*
Igualmente.	*The same to you.*
¡Felices Navidades! (*or* ¡Felices Pascuas!)	*Happy Christmas!*

Courtesy phrases

Por favor ...	*Please ...*
Tenga.	*Here you are. (formal)*
Tome.	*Here you are. (formal)*
Toma.	*Here you are. (informal)*
Perdón.	*Sorry.*
◆ Muchas gracias.	*Thank you very much.*
❍ De nada./A usted.	*That's all right./It's nothing./Don't mention it.*

◆ Haga el favor de …	*Would you mind …?/Would you please …?*
❍ No faltaba más.	*Naturally./Of course.*
◆ Muy amable.	*That's kind/good of you.*

Letter phrases

Querido:/Querida:	*Dear …*
Hola …:	*Hi …/Hello …*
Saludos.	*Kind regards.*
Besos.	*Kisses./With love.*
Abrazos.	*Hugs./With love.*
Recuerdos a …	*Regards/Best wishes to …*

Attracting attention

Señor/Señora/Señorita, por favor …	*Excuse me …*
Oye.	*Hey!/Listen …/I say! (informal)*
Oiga.	*Hello!/Listen …/Excuse me! (formal)*
Diga.	*What can I do for you?*
Dígame. (*or* Diga.)	*Hello! (on the telephone)*
Mire.	*Look!/I say!/Excuse me! (formal)*
Mira.	*Look!/I say!/Excuse me! (informal)*
¡Socorro!	*Help!*

Agreement and refusal, thanks, preferences and explanations

Eso es.	*Exactly./Yes, indeed./I agree.*
Eso sí.	*Yes, indeed./I agree with that.*
Es verdad.	*That's true.*
Buena idea.	*That's a good idea.*
De acuerdo.	*O.K., agreed.*
Vale.	*O.K., it's a deal.*
Claro.	*Naturally./Of course.*
Sí.	*Yes.*
Mejor …	*I'd rather …/I'd prefer …*
No gracias.	*No, thanks.*
Gracias.	*Yes, please./Thanks.*
Está bien.	*That's all right, thank you.*
Es que …	*It's like this …*
Claro que …	*Of course it's …*

Hesitation and uncertainty

Pues …	*Yes …/Um …/Well …*
Bueno …	*Well …/All right …*
A ver.	*Let's see.*
No sé.	*I don't know.*
Creo que sí.	*I think so.*
Me parece que …	*It seems to me that …*

A lo mejor ...	*Perhaps ...*
Quizás ...	*Perhaps ...*
Espera.	*Wait./Hang on!*
... ¿eh?	*Right?/What?*
... ¿no?	*Don't you?/Aren't you?/Isn't it? etc.*
... ¿verdad?	*Right?/Isn't it?/Aren't you?/Don't they? etc.*

Approval and disapproval

¿Qué te parece?	*What do you think?*
Me gusta(n) ...	*I like ...*
Me encanta(n) ...	*I love ...*
Muy bien.	*Good./Excellent.*
Está bien.	*That's good!*
¡Qué bien!	*How good!*
¡Estupendo!	*That's great!*
¡Sensacional!	*Fantastic!/Marvellous!*
¡Fabuloso!	*Incredible!/Fabulous!*
No me gusta ...	*I don't like ...*
¡Qué horror!	*How dreadful!*
¡Qué asco!	*How horrible!/How disgusting!*
Es feísimo.	*It's hideous.*
Esto es una tomadura de pelo.	*This must be a joke!*
¡Qué cosa más rara!	*How peculiar!/How odd!*

Regret and surprise

Lo siento.	*I'm sorry.*
¡Qué mala suerte!	*What bad luck!*
¡Qué desgracia!	*How unlucky!*
¡Qué tragedia!	*What a terrible thing!*
¡Pobre!/¡Pobres!	*Poor thing!/Poor things!*
¡Pobrecito!/¡Pobrecita!	*Poor little thing!*
¡Vaya!	*Gosh!/Heavens!*
¡Vaya coche!	*What a car!*
¿Es verdad?	*Is that true*
¿De verdad?	*Really?/Is that so?*
¿Tanto?	*So much?*
Ah, ¿sí?	*Oh, yes?*

Protest and irritation

¡No, hombre, no!	*Never! No, no! (to a man or woman)*
¡No, mujer, no!	*Never! No, no! (to a woman)*
Pero chico ...	*But, my dear boy ...*
¡Qué va!	*Nonsense!/Rubbish!*
¡Ay, por Dios!	*Good God!*
¡Caramba!	*Good gracious!/Heavens!*

Grammatical terms

accent written sign marking spoken stress, e.g. in the word *Málaga*, where the written accent shows that the stress is not in the normal place in a word ending in a vowel

adjective word that usually changes its ending in Spanish, indicating what someone or something is like, e.g. *large, old, black, cheap*

adverb word that does not change in Spanish, answering the questions where?, when? or how?, e.g. *here, now, quickly*

article, definite article *the* animal, *the* letters (Spanish *el, la, los, las*); **indefinite article** *an* animal, *a* letter (Spanish *un, una*)

auxiliary verb verb that never stands alone but is used together with the main verb to form a **compound tense**, e.g. I *have* come, we *had* walked

comparative form that shows someone or something is *more …*, e.g. *more* beautiful or, in English, often *-er*, e.g. tall*er*, young*er*

comparison form that shows someone or something to be *more …* or *the most …*; see **comparative** and **superlative**

compound tense tense formed by auxiliary verb and main verb in combination, e.g. she *has gone*, they *had bought*

conjugation regular Spanish verbs are divided into three conjugations depending on which ending they have in the infinitive, *-ar*, *-er* or *-ir*

consonant all the letters of the alphabet except *a, e, i, o* and *u*

demonstrative adjective points out *this* book, *that* house, *these* pencils, *those* trees

demonstrative pronoun points out *this one*, *that one, these, those*

diminutive ending ending that shows a smaller or often affectionate quality, e.g. chico/chiqu*illo*, guapo/guap*ito*, casa/cas*ita*, especially common in speech in southern Spain and Latin America

diphthong two vowels together which form a syllable, e.g. *ie, ue*; see **stem-changing verb**

direct object part of sentence indicating someone or something that is the object of a verb, e.g. I see *the house*, I have *it*, I want *them*

ending letter or letters added to the stem to form a tense in verbs, e.g. habl*o*, vend*emos*, or to make adjectival agreement with a noun, e.g. una casa bonit*a*, unos coches negr*os*

feminine the gender of Spanish nouns which have *una* or *la*, *unas* or *las*, and of the pronouns *ella* or *la*, *ellas* or *las*

first person, singular *I* (Spanish *yo*), **plural** *we* (Spanish *nosotros*)

future tense expressing the future, e.g. *will* buy, *will* write, *shall* go (simple future); *am going to go* (near future)

gender Spanish nouns have either **masculine** (*el*) or **feminine** (*la*) gender

gerund Spanish verb form ending in *-ando* or *-iendo*, corresponding to English walk*ing*, go*ing*, buy*ing*

imperative verb form expressing a request or order, e.g. *Stop!, Come!, Listen!*

imperfect tense expressing continuous or habitual action or condition in the past, often corresponding to English *was … ing, used to …, would …*

impersonal verb verb that has the word *it* as subject, e.g. *it is raining* (Spanish *llueve*), *it seems that* (Spanish *parece que*)

indefinite pronoun pronoun alluding to indefinite person or thing, e.g. *someone, nothing*

independent pronoun pronoun standing alone, e.g. *alguien, nadie*

indirect object part of sentence indicating someone who is the object of an action, answering the questions to whom?, from whom?, e.g. I gave the parcel *to him* or I gave *him* the parcel, I took it *from her*

infinitive basic form of verb, indicated in English by *to*, e.g. *to speak, to be, to walk*

interrogative word word that asks a question, e.g. *who?, what?, which?, how?, when?, why?*

intonation the tune or melody of a spoken phrase or sentence

irregular verb verb whose conjugation deviates from the three regular Spanish conjugations, e.g. *I go/I went* (Spanish *voy/fui*)

masculine the gender of Spanish nouns which have *un* or *el*, *unos* or *los*, and of the pronouns *él* or *lo*, *ellos* or *los*

negative word or expression containing a denial, e.g. *not, never, nothing, no more*

neuter a gender used in Spanish as a term to encompass unspecified things, e.g. *todo lo mejor* (all that is best), *lo más interesante* (what is most interesting)

noun name of a person, a place, an animal or a thing; nouns often have *a, the, some, several, few, many* or a number placed in front of them, e.g. *boy, church, cat, bag, chair*

numeral, cardinal number like *one, two, three*
  ordinal number like *first, second, third*

object pronoun pronoun in the **direct** or **indirect** object form, e.g. *me, to her*
passive form of the verb that shows what is or was done to someone or something, e.g. he *was received* warmly, water *is added*; more common in English than in Spanish
past participle verb form that usually follows *has, have, had* in English and often ends with -*ed* (Spanish *-ado, -ido*), but there are exceptions in both languages
perfect compound tense indicating action or condition in the past, e.g. I *have been*, she *has spoken*, they *have visited*, more common in English than in Spanish
personal pronoun *I/me, you, he/him, she/her, it, we/us, you, they/them* (Spanish *yo, tú/usted, él/ella, nosotros/as, vosotros/as/ustedes, ellos/ellas*)
plural more than one, several, e.g. *bags*, the *hats*, some *dogs*
pluperfect compound tense indicating action or condition preceding other events in the past, e.g. I *had been*, she *had spoken*, they *had visited*
positive basic form of adjective, e.g. *high, young, white*
possessive form indicating ownership or possession, e.g. the *girl's* bicycle; in Spanish expressed by *de*, e.g. la bicicleta *de* la chica
possessive adjective word used with a noun to indicate personal possession, e.g. *my* house, *your* dog, *her* bag, *their* holidays
possessive pronoun word standing by itself to indicate personal possession, e.g. *mine, yours, his, hers, ours, theirs*
preposition word such as *at, by, to, of, from, with, on, through* that generally precedes a noun or pronoun and gives information about it
preposition form in Spanish, a personal pronoun preceded by a preposition, e.g. *a mí, con él*
present simple tense indicating the present time, e.g. *is, speaks, swims*
present participle English verb form ending in *-ing*, equivalent of **gerund** in Spanish
preterite simple tense in Spanish indicating a completed action in the past, sometimes called past historic, e.g. he *left* on Sunday, they *visited* me last week
pronoun replaces and stands instead of a noun, e.g. the boy/*he*, the letter/*it*, Janet/*she*; see **object pronoun**, **personal pronoun** and **subject pronoun**
reflexive pronoun pronoun reflecting back on the subject of the sentence, e.g. he is washing *himself*, she dries *herself*
reflexive verb e.g. *to wash oneself, to dry oneself*; more common in Spanish than in English
regular verb verb belonging to one of the three regular **conjugations**
relative pronoun pronoun reflecting back on a word or phrase, e.g. *which, who, whom, that*
second person, **singular** *you* (Spanish *tú, usted*), **plural** *you* (Spanish *vosotros/as, ustedes*)
singular one only, e.g. *an animal, a letter, the animal, the letter*
stem first part of a word, which remains in all forms, e.g. in verbs *tom*(ar), *com*(er), *viv*(ir); sometimes called root
stem-changing verb type of verb, sometimes called radical-changing, in which in some forms *e* changes to *ie* or *i*, or *o* to *ue*, in the stem, e.g. *cerrar: cierra, pedir: pide, poder: puedo*
subject part of sentence indicating who or what is performing an action, e.g. *the children* play, *she* swims, *the dogs* bark, or what is described, e.g. *this coat* is too expensive
s**ubject pronoun** form of pronoun acting as subject, e.g. *I, you, he, she, it, we, you, they*; more commonly used in English than Spanish
superlative form that shows someone or something is *the most* …, e.g. *the most* beautiful or, in English, often *-est*, e.g. tall*est*, young*est*
syllable part of a word consisting of a vowel and possible adjacent consonant(s), e.g. *la-zy, Bar-ce-lo-na*
tense verb form that shows the time of the action, e.g. I *wash* (present), I *shall* wash (future), I *was* wash*ing* (imperfect), I *have* wash*ed* (perfect), I *washed* (preterite), I *had* wash*ed* (pluperfect)
third person, singular *he, she, it* (Spanish *él, ella*), **plural** *they* (Spanish *ellos, ellas*)
verb word that shows the action or state in a sentence, e.g. he *likes* chocolate, she *makes* dresses, Gillian *is* pretty; *to* can be placed before the basic form of English verbs, e.g. (*to*) *walk, eat, be*
vowel the letters *a, e, i, o* and *u*; sometimes *y* can be a vowel also

The following abbreviations are used in the grammar section:

S singular
P plural
1 first person
2 second person
3 third person

Grammar

Articles (Los artículos) 1–4

1 Definite and indefinite article

	A Singular		B Plural	
	masculine	*feminine*	*masculine*	*feminine*
definite form	**el** bolso *the bag*	**la** revista *the magazine*	**los** bolsos *the bags*	**las** revistas *the magazines*
indefinite form	**un** bolso *a bag*	**una** revista *a magazine*	**unos** bolsos *some bags*	**unas** revistas *some magazines*

- There is also the neuter form **lo**, which is used before an adjective to form a noun: **lo bueno** *the good*, and with **que** to form a relative pronoun: **lo que** *what, that which.*

C A la derecha hay dos coches, uno grande y uno pequeño.
On the right there are two cars, one large and one small.

- When the noun is implied, the masculine singular form **uno** is used.

D Voy al centro. — *I am going to the (city) centre.*
Juan va del teatro al hotel. — *Juan is going from the theatre to the hotel.*

- **a** + **el** forms **al**.
- **de** + **el** forms **del**.

2 Use of the definite article

A **El señor** Aldana va al hotel. — *Mr Aldana goes to the hotel.*
La señorita Gómez trabaja allí. — *Miss Gómez works there.*
Por favor, **señora**, el pasaporte. — *Passport please, madam.*
Puerta número uno, **señor**. — *Gate number one, sir.*
Don Julián es el dueño de la librería. — *Julián is the owner of the bookshop.*

- The definite article is used before titles when speaking *about* someone. No article is used when speaking *to* someone.
- The article is never used before **don**, **doña**.

B España limita con Francia y Portugal. — *Spain borders on France and Portugal.*
(El) Perú está en América del Sur. — *Peru is in South America.*
(La) Argentina limita con **(el) Uruguay**. — *Argentina borders on Uruguay.*

La España verde.	*Green Spain.*

- Names of countries do not usually take the article, but names of some Latin American countries often do.
- If an adjective is added to the name, the article is always used.

C	**los** Pirineos, **el** Atlántico, **el** Guadalquivir	*the Pyrenees, the Atlantic, the Guadalquivir*
	Madrid es la capital de España.	*Madrid is the capital of Spain.*
	La Habana es la capital de Cuba.	*Havana is the capital of Cuba.*

- The article is used with names of mountains, seas and rivers.
- The article is not generally used with names of towns, though the names of certain towns do take the article.

3 Spanish definite article – no article in English

A	**El** sábado juego al fútbol.	*I play football on Saturday.*
	But: Hoy es domingo.	*It is Sunday today.*
B	Sevilla está en **el** sur.	*Seville is in the south.*
C	Me gusta más **el** té.	*I prefer tea.*
D	Empiezo a **las** nueve.	*I start at nine o'clock.*
E	Es **el** dos de mayo.	*It is the second of May.*
F	María tiene **los** ojos verdes.	*María has green eyes.*
G	Pedro juega **al** fútbol.	*Pedro plays football.*
H	**El** Real Madrid es un equipo muy famoso.	*Real Madrid is a very famous team.*
I	La Meseta ocupa **el** 40 % del territorio español.	*The Meseta takes up forty per cent of Spanish territory.*
J	La lengua oficial de Andorra es **el** catalán.	*The official language of Andorra is Catalan.*
	But: ¿Hablas español?	*Do you speak Spanish?*

- The definite article is used with:
  A the days of the week, except with the verb **ser**
  B the points of the compass
  C nouns used in a general sense
  D the time by the clock
  E the date
  F parts of the body after the verb **tener**
  G the names of games
  H the names of sports teams
  I per cent (indefinite article also: **un** 40 %)
  J languages in certain contexts (but not with the verb **hablar**)

4 English indefinite article – no article in Spanish

Clara busca **otro** trabajo.	*Clara is looking for another job.*
Deme **otra** cerveza.	*Give me another beer.*
La ciudad tiene **medio** millón de habitantes.	*The city has half a million inhabitants.*
Una hora y **media**.	*An hour and a half.*

- The indefinite article is not used with **otro** and **medio**.

Nouns (Los sustantivos) 5–7

5 Singular and plural

A Singular

masculine		*feminine*	
un bolso	*a bag*	**una** carta	*a letter*
un hotel	*a hotel*	**una** ciudad	*a city*
un coche	*a car*	**una** calle	*a street*

- Nouns are either masculine or feminine in Spanish. Nouns ending in **-o** are usually masculine. Nouns ending in **-a** are usually feminine. Nouns ending in a consonant or **-e** may be either masculine or feminine.

But:

una radio	*a radio*	**un día**	*a day*
una mano	*a hand*	**un clima**	*a climate*
una foto	*a photograph*	**un mapa**	*a map*
una moto	*a motorbike*	**un programa**	*a programme*
		un sistema	*a system*

El agua está fría.	*The water is cold.*
Tengo mucha **hambre.**	*I'm very hungry.*

- **Agua** *(water)* and **hambre** *(hunger)* are feminine. Nouns that begin with a stressed **a** (spelt **a-** or **ha-**) take the article **el** or **un** in the singular.

B Plural

masculine		*feminine*	
dos bolso**s**	*two bags*	dos carta**s**	*two letters*
dos hotel**es**	*two hotels*	dos ciudad**es**	*two cities*
dos coche**s**	*two cars*	dos calle**s**	*two streets*

- The plural ending is **-s**. Nouns ending in a consonant in the singular add **-es** for the plural: **un autobús**, **dos autobuses** (no accent in the plural).

Los martes toco en una orquesta.	*On Tuesdays I play in an orchestra.*
Los Pascual están en Suiza.	*The Pascual family is in Switzerland.*

- Some nouns have no plural ending: those of more than one syllable that end in unstressed -**es**, and family names.

C

el hermano	*the brother*	los hermanos	*the brothers and sisters (the brothers)*
el padre	*the father*	los padres	*the parents (the fathers)*
el papá	*the dad*	los papás	*mum and dad (the dads)*
el hijo	*the son*	los hijos	*the children, sons and daughters (the sons)*
el abuelo	*the grandfather*	los abuelos	*the grandparents (the grandfathers)*
el tío	*the uncle*	los tíos	*the uncle and aunt (the uncles)*
el señor	*the gentleman*	los señores	*Mr and Mrs (the gentlemen)*
el novio	*the fiancé*	los novios	*fiancé and fiancée (the fiancés)*

- The masculine plural sometimes has a special meaning.

D

las gafas	*the spectacles (glasses)*
los alrededores	*the surroundings*
las vacaciones	*the holidays*

- Certain nouns are normally used in the plural only.

6 Possession

A

la bicicleta **de** Pedro	*Pedro's bicycle*
el coche **de** la señora Blanco	*Mrs Blanco's car*
el pasaporte **del** señor Aldana	*Mr Aldana's passport*
la casa **de** las chicas	*the girls' home*
los libros **de** los chicos	*the boys' books*

- Ownership and possession are indicated by the preposition **de** before nouns.
- Remember: **de** + **el** forms **del**.

B

el día **de** mi santo	*my name day, my saint's day*
en el centro **del** país	*in the middle of the country*
unas fotos **de** la familia	*some family photographs (i.e. photographs of the family)*

- The preposition **de** is often used in Spanish when in English another construction is used, i.e. prepositions such as *in, on* or compound nouns.

7 Expressions of quantity

dos kilos **de** patatas	*two kilos of potatoes*
un cuarto **de** kilo	*a quarter of a kilo*
una botella **de** vino	*a bottle of wine*
un grupo **de** personas	*a group of people*
un paquete **de** cigarrillos	*a packet of cigarettes*
cuatro millones **de** habitantes	*four million inhabitants*

- Nouns expressing quantities or measurements are followed by **de**.

Adjectives (Los adjetivos) 8–10

8 Agreement of adjectives

A Singular

masculine		*feminine*	
un coche negr**o**	*a black car*	una maleta negr**a**	*a black suitcase*
un bolso grande	*a large bag*	una mesa grande	*a large table*
un bolígrafo azul	*a blue ballpoint*	una camisa azul	*a blue shirt*

- The adjective 'agrees' with the masculine or feminine noun it describes.
- Adjectives ending in **-o** in the masculine take **-a** in the feminine.
- Other adjectives do not change in the feminine.

un niño español	*a Spanish boy*	una niña español**a**	*a Spanish girl*
un libro inglés	*an English book*	una revista ingles**a**	*an English magazine*
un coche alemán	*a German car*	una película aleman**a**	*a German film*

- Adjectives of nationality in the feminine always take **-a**. Note the accent on certain adjectives in the masculine.

B Plural

masculine	*feminine*
los coches negr**os**	las maletas negr**as**
los bolsos grand**es**	las mesas grand**es**
los bolígrafos azul**es**	las camisas azul**es**
Los señores son español**es**.	Las señoras son español**as**.

- Adjectives form the plural in the same way as nouns. Adjectives ending in a vowel in the singular end in **-s** in the plural.

Adjectives ending in a consonant in the singular end in **-es** in the plural.
This is also true of adjectives of nationality.

9 Position of adjectives

A El coche negro es de un profesor francés.
The black car belongs to a French teacher.

- Adjectives are usually placed *after* the words they describe.

B Buscan un **nuevo trabajo.** — *They are looking for a new job.*
La industria tiene **graves problemas**. — *Industry has serious problems.*

- Certain adjectives are placed *before* their nouns.

C una **buena idea** — *a good idea*
Hace **buen tiempo**. — *It's lovely weather.*
Hace muy **mal tiempo**. — *It's very bad weather.*
un **buen amigo** — *a good friend*

- **Bueno** and **malo** are often placed *before* their nouns. They are then shortened in the *masculine singular* to **buen** and **mal**.

D Esto es un **gran problema**. — *This is a great problem.*
Una **gran parte** de la población. — *A large part of the population.*

- When **grande** is placed before its noun, it is shortened in both *masculine* and *feminine singular* to **gran**.

10 Comparison of adjectives

A Regular comparison

	positive	*comparative*	*superlative*	*superlative*
masc. sing.	alto *high, tall*	**más** alto *higher, taller*	**el más** alto *highest, tallest*	**el** edificio **más** alto *the highest, tallest building*
fem. sing.	alta	**más** alta	**la más** alta	**la** casa **más** alta *the highest house*
masc. plur.	altos	**más** altos	**los más** altos	**los** edificios **más** altos
fem. plur.	altas	**más** altas	**las más** altas	**las** casas **más** altas

- With regular comparison the *comparative* is formed by **más** being placed before the positive form; *superlative* by **el (la, lo, los, las) más** being placed before the positive form.
Compare the examples in the superlative. If the article comes *before* the noun, no further article is added before **más**.

B The following four adjectives have both regular comparative and superlative forms (with **más**, **el más** …) and irregular forms.

bueno *good*	**más** bueno	*better*	**el más** bueno	*best*
	mejor	*better*	**el/la mejor**	*best*
malo *bad*	**más** malo	*worse*	**el más** malo	*worst*
	peor	*worse*	**el/la peor**	*worst*
pequeño *small*	**más** pequeño	*smaller*	**el más** pequeño	*smallest*
	menor	*smaller, younger*	**el/la menor**	*smallest, youngest*
grande *large*	**más** grande	*larger*	**el más** grande	*largest*
	mayor	*larger, older*	**el/la mayor**	*largest, eldest*

Este libro es **mejor**.	*This book is better.*
Estas botas son **las mejores**.	*These boots are the best.*
El hotel Cervantes es **el mejor** hotel.	*Hotel Cervantes is the best hotel.*
Han hecho **la peor** compra del año.	*They have made the worst purchase of the year.*
Mercedes es **la menor** de las hermanas.	*Mercedes is the youngest of the sisters.*
Luis es **mayor** que Carlos, pero Carlos es más alto que Luis.	*Luis is older than Carlos, but Carlos is taller than Luis.*

- **Mayor** and **menor** are mostly used when speaking of people's ages.

C

¡Qué cosa más rara!	*What a peculiar thing!*
¡Qué cielo tan azul!	*What a blue sky!*

- Note that certain exclamations have **más** (or **tan**) before the adjective.

D

Preparó una merluza **riquísima**.	*She prepared some extremely good hake.*
Este barrio es **elegantísimo**.	*This suburb is particularly elegant.*

- To express a high degree of something, the ending **-ísimo** can be added to the adjective.

E Expressions of comparison

Clara trabaja **más que** Luisa.	*Clara works harder than Luisa.*
Las chicas ganan **menos que** los chicos.	*The girls earn less than the boys.*
Madrid tiene **más de** cuatro millones de habitantes.	*Madrid has more than four million inhabitants.*
Carlos **no** tiene **más que** dos euros.	*Carlos has no more than (only) two euros.*

- *more (less) than* is **más (menos) que** in Spanish.
- **Más de** is used before numerals in affirmative sentences, **no … más que** in negative sentences.

Adverbs (Los adverbios) 11–13

11 Formation of adverbs

A La ciudad es **realmente** impresionante. — *The city is really impressive.*
Vengo de allí **precisamente**. — *That's exactly where I come from.*

- Many adverbs are formed by adding the ending **-mente** to the feminine form of the adjective.

B Escuchan con mucha atención. — *They listen very attentively.*

- Sometimes a prepositional expression in Spanish corresponds to an English adverb.

12 Comparison of adverbs

A Llegan **más tarde**. — *They are coming later.*
Lo más tarde posible. — *As late as possible.*
Llegó a casa **tardísimo**. — *He came home very late indeed.*

- Adverbs are compared like adjectives (see **10A**). In the superlative, the article **lo** is used.

B

bien	*well*	mejor	*better*	lo mejor	*best*
mal	*bad*	peor	*worse*	lo peor	*worst*
mucho	*much, a lot*	más	*more*	lo más	*most*
poco	*little*	menos	*less*	lo menos	*least*

Los dos hermanos tocan la guitarra. — *Both brothers play the guitar.*
Andrés toca **bien**, pero Luis toca **mejor**. — *Andrés plays well, but Luis plays better.*
Muchas chicas juegan al fútbol y no juegan **peor** que los chicos. — *Many girls play football and they play no worse than the boys.*

- The adverbs **bien**, **mal**, **mucho**, **poco** are irregular in comparative and superlative.

13 *Muy* and *mucho*

A La calle es **muy** larga. — *The street is very long.*
Habla **muy** bien. — *She speaks very well.*

- *Very* before an adjective or adverb = **muy** (invariable).

B Esta casa es **mucho** más alta. — *This house is much higher.*
Su hermano habla **mucho** mejor. — *Her brother speaks much better.*
◆ ¿Cómo estás? — *How are you?*
❍ Estoy **mucho** mejor hoy, gracias. — *I'm much better today, thank you.*

- *Much* before the comparative form of adjectives and adverbs = **mucho** (invariable).

C Trabajo **mucho**. — *I work very hard.*
Este cuadro me gusta **mucho**. — *I like this picture very much.*

- *Very much* or *a lot* with a verb = **mucho** (invariable).

D El niño tiene **mucha** sed. — *The boy is very thirsty.*
El guía tiene **mucha** hambre. — *The guide is very hungry.*

- When used before a noun, note that **mucho** changes according to the gender of the noun. (**Sed** and **hambre** are feminine nouns.)

E ❍ ¿Estás contento? — *Are you happy?*
◆ Sí, **mucho**. (Sí, **muy** contento.) — *Yes, very. (Yes, very happy.)*

- *Very* = **mucho** in a reply in which the adjective is not repeated.

Numbers (Los numerales) 14–17

14 Cardinal numbers (Los cardinales)

0	cero	30	treinta
1	uno (un), una	31	treinta y un(o)
2	dos	32	treinta y dos
3	tres	40	cuarenta
4	cuatro	50	cincuenta
5	cinco	60	sesenta
6	seis	70	setenta
7	siete	80	ochenta
8	ocho	90	noventa
9	nueve	100	cien (ciento)
10	diez	101	ciento uno
11	once	150	ciento cincuenta
12	doce	200	doscientos/as
13	trece	300	trescientos/as
14	catorce	400	cuatrocientos/as
15	quince	500	quinientos/as
16	dieciséis	600	seiscientos/as
17	diecisiete	700	setecientos/as
18	dieciocho	800	ochocientos/as
19	diecinueve	900	novecientos/as
20	veinte	1000	mil
21	veintiuno (veintiún)	1150	mil ciento cincuenta
22	veintidós	2000	dos mil
23	veintitrés	100 000	cien mil
24	veinticuatro	1 000 000	un millón
25	veinticinco	2 000 000	dos millones
26	veintiséis	1 000 000 000	mil millones

- **Uno** = **un** before masculine nouns, e.g. **veintiún discos**.
- **Unos, unas** indicates approximation, e.g. **unos cien gramos** about 100 grams; **unas cincuenta casas** about fifty houses.
- **Ciento** = **cien** before nouns, before **mil** and **millones**: **cien euros**; **cien mil euros**; **cien millones**. When standing alone, both **cien** and **ciento** are acceptable: **Tengo cien** or **Tengo ciento**.
- From 200 onwards the hundreds have a feminine form: **doscientas personas** 200 people.
- **Millón** is followed by **de** before nouns: **un millón de habitantes** a million inhabitants (see **7**).

15 The time

¿A qué hora empiezas?	*What time do you start?*
Empiezo a las nueve.	*I start at nine o'clock.*
Luis empieza a las tres de la tarde.	*Luis starts at three in the afternoon.*
Termina a las diez de la noche.	*He finishes at ten o'clock at night.*
¿Qué hora es?	*What is the time?/What time is it?*
Es la una.	*It's one o'clock.*
Son las dos.	*It's two o'clock.*
Son las tres y media.	*It's half past three.*
Son las cuatro menos cuarto.	*It's a quarter to four.*
Son las cinco y cuarto.	*It's a quarter past five.*
Son las seis y diez.	*It's ten past six.*
Son las siete menos diez.	*It's ten to seven.*
Son las siete en punto.	*It's exactly seven o'clock.*
Son las doce y pico.	*It's just gone twelve.*

16 Date and year

A ◆ ¿Qué fecha es hoy? — *What's the date today?*

❍ Es el uno de mayo.
❍ Es el primero de mayo. } *It's the first of May.*

El quince de enero de 1994. — *On the fifteenth of January, 1994.*

- Cardinal numbers are used in dates in Spanish. Only for the first of the month can the ordinal number (**primero**) be used. Note the preposition **de** before the year.

B ◆ ¿A cuántos estamos hoy? — *What's the date today?*

❍ Estamos a dos de mayo. — *It's the second of May.*

- In this expession with **estar** there is no article before the numeral.

C Year, century

1985 = mil novecientos ochenta y cinco

en el siglo XVI (dieciséis) — *in the sixteenth century*

D Dates in letter headings

Madrid, diez de octubre de 1985 Madrid, 10 de octubre 1985	*Madrid, 10th October 1985*

17 Ordinal numbers (Los ordinales)

1° primero, primer	4° cuarto	7° séptimo	10° décimo
2° segundo	5° quinto	8° octavo	
3° tercero, tercer	6° sexto	9° noveno	

Luis vive en **el primer piso** y yo vivo en **el tercero**, izquierda.	*Luis lives on the first floor and I live on the third, on the left.*
Es **el tercer coche** que tengo.	*It's my third car.*
Es **la tercera vez** que llama.	*He's ringing for the third time.*
Alfonso XIII (**trece**)	*Alphonso the Thirteenth*

- **Primero** and **tercero** are abbreviated to **primer** and **tercer** before singular masculine nouns.
- From 11 (the eleventh) onwards, normal cardinal numbers are used instead of ordinal numbers.

Pronouns (Los pronombres) 18–32

18 Personal pronouns (Los pronombres personales)

	A Subject forms		**B** Preposition forms	
S1	**yo**	*I*	**mí**	*me*
2	**tú**	*you (informal)*	**ti**	*you (informal)*
3	**él**	*he*	**él**	*him*
	ella	*she*	**ella**	*her*
	usted	*you (formal)*	**usted**	*you (formal)*
P1	**nosotros**	*we*	**nosotros**	*us*
	nosotras		**nosotras**	
2	**vosotros**	*you (informal)*	**vosotros**	*you (informal)*
	vosotras		**vosotras**	
3	**ellos**	*they*	**ellos**	*them*
	ellas		**ellas**	
	ustedes	*you (formal)*	**ustedes**	*you (formal)*

- The forms under **A** are used as subjects. They are not usually used when the verb ending shows which subject is concerned. If they are used, it is for clarity or emphasis.
  Usted, **ustedes** are forms of address used mostly out of politeness, to people one does not address as **tú**. The verb is in the third person singular or plural. These polite forms are often abbreviated to **Ud.**, **Uds.** or **Vd.**, **Vds.** when written.

In some areas of Andalusia and in Latin American countries, **ustedes** is used to address several people whom one addresses as **tú** (replacing **vosotros**, **-as**).

- The forms under **B** are used after prepositions (e.g. **para**, **a**, **de**, **por**).
- After the preposition **con**, S1 and 2 have different forms: **conmigo** *with me*; **contigo** *with you.*

19 Object pronouns: Direct object (complemento directo)

S1	**me**	¿**Me** ves?	*Can you see me?*
2	**te**	No, no **te** veo.	*No, I can't see you.*
3	**lo**	¿Dónde está el libro?	*Where is the book?*
		No **lo** encuentro.	*I can't find it.*
		¿Dónde está Carlos?	*Where is Carlos?*
		No **lo** veo.	*I can't see him.*
	la	¿Dónde está la revista?	*Where is the magazine?*
		¿**La** lees?	*Are you reading it?*
		¿Dónde está Ana?	*Where is Ana?*
		No **la** veo.	*I can't see her.*
P1	**nos**	¿**Nos** llevas también?	*Are you taking us too?*
2	**os**	Claro que **os** llevo.	*Of course I'm taking you.*
3	**los**	¿Quién tiene los billetes?	*Who has the tickets?*
		Yo no **los** tengo.	*I haven't got them.*
		¿Dónde están los chicos?	*Where are the boys?*
		No **los** veo.	*I can't see them.*
	las	◆ ¿Quién tiene las llaves?	*Who has the keys?*
		❍ **Las** tiene papá.	*Dad has them.*
		¿Dónde están las chicas?	*Where are the girls?*
		No l**as** veo.	*I can't see them.*

- For the third person masculine, singular and plural, the forms **le** and **les** are also used when referring to people. These forms are used mostly in central and northern Spain. In Latin America, **lo** and **los** are used.

Lo/**Le** busco **a usted** en seguida.	*I'll fetch you soon.*
Las llevo **a ustedes** en mi coche.	*I'll take you in my car.*

- When addressing people formally, one often adds **a usted**, **a ustedes**.

20 Position of direct object pronouns

The direct object forms are placed as follows.

A ¿El televisor? Puede **ponerlo** en la sala. (**Lo puede** poner en la sala.) — *The television set? You can put it in the living room.*

- either *after* the infinitive and joined to it, or *before* the auxiliary verb;

B ¿Dónde están las tazas? No **las veo**. — *Where are the cups? I can't see them.*

- *before* the verb;

C ◆ ¿Dónde están los platos? — *Where are the plates?*
❍ **Los he puesto** en el armario. — *I've put them in the cupboard.*
◆ ¿Has visto la película sueca? — *Have you seen the Swedish film?*
❍ No, no **la he visto**. — *No, I haven't seen it.*

- *before* the auxiliary verb in a compound tense;

D ¡**Cómprelo** mañana! — *Buy it tomorrow!*

- *after* the affirmative imperative and joined to it. Note that a written accent may be needed to show where the spoken stress still falls.

21 Doubling

A Anita no **la** conozco. — *I don't know Anita.*
El futuro lo veo muy negro. — *I see the future as very black indeed.*

- If the object comes first in the sentence, it is repeated with the corresponding pronoun.

22 Object pronouns: Indirect object (complemento indirecto)

S1	**me**	¿**Me** das el libro?	*Will you give me the book?*
2	**te**	No, pero **te** doy el periódico.	*No, but I'll give you the magazine.*
3	**le**	La dependiente **le** da el paquete.	*The sales girl gives the parcel to him(/her/you).*
P1	**nos**	Claudio **nos** envía una carta.	*Claudio sends a letter to us.*
2	**os**	**Os** doy el número de teléfono.	*I'll give you the telephone number.*
3	**les**	Pedro **les** envía un regalo.	*Pedro sends a present to them(/you).*

23 Position of indirect object pronouns

The position of indirect object pronouns follows the same principles as for the direct object forms (see **20**).

A ¿Quiere **darme** el libro? (¿**Me quiere** dar el libro?) — *Please would you give me the book?*

- either *after* the infinitive and joined to it, or *before* the auxiliary verb;

B ◆ ¿**Me das** la revista? — *Will you give me the magazine?*
❍ Sí, pero no **te doy** el periódico. — *Yes, but I shan't give you the newspaper.*

- *before* the verb;

C Ya **te he dado** la llave. — *I've already given you the key.*
Carmen no **le ha dado** el libro. — *Carmen hasn't given the book to him/her/you.*

- *before* the auxiliary verb in a compound tense;

D **Deme** un café solo, por favor. — *Please give me a cup of black coffee.*

- *after* the affirmative imperative and joined to it. Note that a written accent may be needed to show where the spoken stress still falls (e.g. **¡Dígame!**).

24 Doubling

Laura **le** regala el jersey **a su hermana**. — *Laura gives the jersey to her sister.*

- An indirect object (**a su hermana**) is often doubled with the corresponding indirect pronoun (**le**).

25 Direct and indirect object pronouns together

Mi padre **me lo** ha dado. — *My father has given it to me.*

- If both the direct and indirect object pronouns are used with the same verb, the indirect pronoun is always placed first.

26 Reflexive pronouns and reflexive verbs

levantarse *to stand up, get up*

S1	**me**	levanto	*I get up*
2	**te**	levantas	*you get up*
3	**se**	levanta	*he/she/you get(s) up*
P1	**nos**	levantamos	*we get up*
2	**os**	levantáis	*you get up*
3	**se**	levantan	*they/you get up*

Note!

Me llamo Paula.	*My name's Paula.*
Me quedo aquí un año.	*I'm staying here for a year.*

- A Spanish reflexive verb does not always correspond to a reflexive form in English.

27 Position of reflexive pronouns

Reflexive pronouns are placed as follows.

A Voy a **quedarme** aquí quince días.	*I'll be staying here for a fortnight.*
Su jefe **se va** a casar en mayo.	*Her boss is getting married in May.*

- either *after* the infinitive and joined to it, or *before* the auxiliary verb;

B **Me levanto** a las seis.	*I get up at six o'clock.*
Ana no **se levanta** tan temprano.	*Ana doesn't get up so early.*

- *before* the verb;

C Ya **se han despertado**.	*They have already woken up.*
Pero no **se han levantado**.	*But they haven't got up.*

- *before* the auxiliary verb in a compound tense;

D **¡Siéntese!**	*Do sit down!*

- *after* the affirmative imperative and joined to it. Note that a written accent may be needed to show where the spoken stress still falls.

28 Demonstrative adjectives and pronouns (Los adjetivos y pronombres demostrativos)

A este

masculine	**este** coche	*this car*	**estos** coches	*these cars*
feminine	**esta** bicicleta	*this bicycle*	**estas** bicicletas	*these bicycles*
neuter	**esto**	*this*		

◆ ¿Cuánto cuesta **este** bolígrafo?	*How much does this ballpoint pen cost?*
❍ Cuarenta céntimos.	*Forty cents.*
◆ ¿Y **este**?	*And this one?*
❍ Cincuenta céntimos.	*Fifty cents.*
¿Qué es **esto**?	*What is this?*

- **Este** is used for something that is close to the person speaking.
- **Este** is often used in expressions of time, e.g. **esta tarde** *this afternoon*; **este año** *this year*.

B aquel

masculine	**aquel** abrigo	*that coat*	**aquellos** abrigos	*those coats*
feminine	**aquella** blusa	*that blouse*	**aquellas** blusas	*those blouses*
neuter	**aquello**	*that*		

◆ ¿Te gusta **aquel** vestido? — *Do you like that dress?*
❍ ¿**Aquel**? Sí, es muy bonito. Y **aquellas** blusas son también muy bonitas. — *That one? Yes, it's very nice. And those blouses are very nice, too.*

- **Aquel** is used for something at a distance from both the speaker and the person spoken to.

C ese

masculine	**ese** reloj	*that clock/ watch*	**esos** relojes	*those clocks/ watches*
feminine	**esa** taza	*that cup*	**esas** tazas	*those cups*
neuter	**eso**	*that*		

- **Ese** is used for something close to the person spoken to.

Note: este, **aquel**, **ese**, when used in all their forms to mean *this one*, *that one* etc., may have an accent on the stressed syllable, e.g. **ésta**, **aquélla**, **ése**.

29 Indefinite pronouns (Los pronombres indefinidos)

A algo *something, anything* nada *nothing, not anything*

❍ ¿Quiere usted **algo** más? — *Would you like anything more?*
◆ No, **no** quiero **nada** más. — *No, I don't want anything more.*

- When **nada** comes after the verb, **no** must be placed before the verb.

B alguien *someone, anyone* nadie *no one, not anyone*

❍ ¿Está **alguien** en casa? — *Is there anyone at home?*
◆ No, **no** hay **nadie**. — *No, no one.*
❍ ¿Ha comprado el coche **alguien**? — *Has anyone bought the car?*
◆ No, **nadie** lo ha comprado. — *No, nobody has bought it.*
❍ ¿Has visto a **alguien**? — *Have you seen anyone?*
◆ No, **no** he visto a **nadie**. — *No, I haven't seen anybody.*

- **alguien** and **nadie** are used for people. They are always in the singular and never change.
- When **nadie** comes after the verb, **no** must be placed before the verb.
- When **alguien** or **nadie** are direct objects, the preposition **a** must be placed before them (see **78**).

C **alguno de** / **alguna de**	*any of*	**ninguno de** / **ninguna de**	*none of*
algún hotel	*some/any hotel*	**ningún** hotel	*no hotel*
algunos de / **algunas de**	*some of*		

❍ ¿Ha llegado **alguno de** los chicos?	*Have any of the boys arrived?*
◆ No, **ninguno**.	*No, not one.*
❍ ¿Le queda **alguna de** las camisas rojas?	*Have you any of the red shirts left?*
◆ No, de las rojas no me queda **ninguna**.	*No, I have none of the red ones left.*
❍ ¿Hay **alguna** biblioteca por aquí?	*Is there a library round here?*
◆ No, aquí no hay **ninguna**.	*No, there is none here.*
❍ ¿Tienes **algún** libro español?	*Have you any books in Spanish?*
◆ No, **ninguno**.	*No, not one.*

- **alguno** and **ninguno** are used for both people and things.
- **alguno** and **ninguno** may stand alone and refer back to a phrase with **de**.
- When **alguno** and **ninguno** come before a masculine singular noun, they are abbreviated to **algún** and **ningún**.
- The plural forms of **ninguno** are hardly ever used.
- When **ninguno** comes after the verb, **no** must be placed before the verb.

D Paco **no** tiene coche.	*Paco has no car.*
No tengo dinero.	*I haven't got any money.*
Aquí **no** hay hoteles.	*There are no hotels here.*

- *No* and *not any* in English may sometimes correspond to just **no** in Spanish.

30 Relative pronouns (Los pronombres relativos)

El hostal **que** está allí se llama California.
The guesthouse (which is) over there is called California
La chica **que** ves allí es alemana.
The girl (that) you see there is German.
Los chicos **que** trabajan en el bar se llaman Paco y Luis.
The boys (who are) working in the bar are called Paco and Luis.

- **Que** is the most common relative pronoun. It is used for both people and things, in both singular and plural. **Que** is invariable.
- **Que** may never be left out, as *that, who, which* sometimes are in English.
- **Lo que** *(what, that which)* refers to an unspecified noun.
  Lo que vi me encantó. *What I saw I liked very much.*

31 Possessive adjectives (Los adjetivos posesivos)

	A The object owned in the singular		B The object owned in the plural	
S1	**mi**	libro	**mis**	libros
		casa		casas
2	**tu**	bolso	**tus**	bolsos
		maleta		maletas
3	**su**	bolígrafo	**sus**	bolígrafos
		maleta		maletas
P1	**nuestro**	coche	**nuestros**	coches
	nuestra	casa	**nuestras**	casas
2	**vuestro**	hotel	**vuestros**	hoteles
	vuestra	casa	**vuestras**	casas
3	**su**	bolígrafo	**sus**	bolígrafos
		maleta		maletas

- The above forms of possessive adjectives are unstressed and are placed before the noun. They agree with the thing possessed and not with the possessor.
- Remember that **su maleta** can mean not only *his/her/your* (**Ud.**) *case* but also *their/your* (**Uds.**) *case*.

32 Interrogative pronouns and phrases (Los pronombres interrogativos)

¿**Qué** país es?	*What country is it?*
¿**Qué** hay en la maleta?	*What is there in the suitcase?*
¿En **qué** maleta?	*In which suitcase?*
¿**Cuántos** libros hay en el bolso?	*How many books are there in the bag?*
¿**Cuántas** camisas hay en la maleta?	*How many shirts are there in the suitcase?*
¿**Cómo** está usted?	*How are you?*
¿**Dónde** está Lima?	*Where is Lima?*
¿**Adónde** vas?	*Where are you going?*
¿**De dónde** eres?	*Where do you come from?*
¿**Quién** es la chica?	*Who is the girl?*
¿**Quiénes** son los chicos?	*Who are the boys?*
¿**De quién** es el coche?	*Whose is the car?*
¿**Por qué** busca trabajo?	*Why is she looking for work?*
¿**Cuánto** cuesta el ordenador?	*How much does the computer cost?*
¿**Cuál** es la principal ciudad?	*Which is the main city?*

- **¿Qué?** is used for people and things. It is both a pronoun and an adjective. **¿Qué?** is invariable.
- **¿Quién? ¿quiénes?** are used only for people.

- **¿Cuál? ¿cuáles?** are used for people and things. They are independent and are used when choice is necessary.

No sé **dónde** está el hostal. — *I don't know where the guesthouse is.*
A ver si adivinas **cuándo** es el día de mi santo. — *See if you can guess when my saint's day is.*

- Interrogative words always have an accent, even in indirect questions.

Verbs (Los verbos) 33–76

33 Spanish equivalents of *is/are*

A **hay** *there is/are*

En la maleta **hay** un ordenador.	*There is a computer in the suitcase.*
En la calle Goya **hay** dos hoteles.	*There are two hotels in Goya Street.*
Aquí no **hay** hoteles.	*There are no hotels here.*
¿**Hay** alguien en casa?	*Is there anyone at home?*

- **Hay** is invariable.
- **Hay** is used before nouns with no article, before nouns preceded by the indefinite article (*there is a …*) or by a numeral (*there are two …*), and before indefinite pronouns (*there is someone, there are some, there is none etc.*).

B **es** *he/she/it is; you* (**usted**) *are*
son *they are; you* (**ustedes**) *are*

◆ ¿Qué **es** esto? ❍ Es una radio.	*What is this? It's a radio.*
◆ ¿Quién **es** el chico?	*Who is the boy?*
❍ **Es** Juan. **Es** taxista.	*It's Juan. He's a taxi-driver.*
¿**Es** usted español?	*Are you Spanish?*
◆ ¿Cuánto **es**?	*How much is it?*
❍ **Son** veinte euros.	*That's twenty euros.*
◆ ¿Quiénes **son** las chicas?	*Who are the girls?*
❍ **Son** Ana y Luisa.	*They are Ana and Luisa.*
Son cajeras.	*They are cashiers.*
¿Ustedes **son** de Madrid?	*Are you from Madrid?*

C **está** *he/she/it is; you* (**usted**) *are*
están *they are; you* (**ustedes**) *are* } *to express location or state of health*

La camisa **está** en la maleta.	*The shirt is in the suitcase.*
◆ ¿Dónde **está** tu hotel?	*Where is your hotel?*
❍ **Está** en la plaza de Colón.	*It's in the Plaza de Colón.*
No **está** lejos.	*It's not far away.*
¿Cómo **está** usted?	*How are you?*
Los chicos no **están** en casa.	*The boys are not at home.*
Sevilla y Granada **están** en Andalucía.	*Seville and Granada are in Andalusia.*
¿Cómo **están** ustedes?	*How are you?*

- For the use of **ser** or **estar**, see **69–73**.

34 Present tense (El presente)

Spanish verbs are divided into three types or conjugations according to their endings.

		A Conjugation 1 **-ar** verbs **hablar** *to speak*		B Conjugation 2 **-er** verbs **comer** *to eat*		C Conjugation 3 **-ir** verbs **vivir** *to live*	
S1	yo	**hablo**	*I speak*	**como**	*I eat*	**vivo**	*I live*
2	tú	**hablas**	*you speak*	**comes**		**vives**	
3	él / ella / usted	**habla**	*he / she / you speak(s)*	**come**		**vive**	
P1	nosotros	**hablamos**	*we speak*	**comemos**		**vivimos**	
2	vosotros	**habláis**	*you speak*	**coméis**		**vivís**	
3	ellos / ellas / ustedes	**hablan**	*they / they / you speak*	**comen**		**viven**	

D Note that the spoken stress changes position. The dot (·) shows where the stress falls. In the S1, 2, 3 and in the P3 the stress is on the stem. Only the P2 is written with an accent.

E Subject pronouns (**yo**, **tú** etc.) are mostly omitted, except for clarification or emphasis.

F Some common regular verbs:

-ar	**-er**	**-ir**
hablar *to speak, talk*	comer *to eat*	vivir *to live*
buscar *to seek, look for*	beber *to drink*	escribir *to write*
llevar *to carry, wear*	vender *to sell*	recibir *to receive*
entrar *to go in, enter*	creer *to believe*	subir *to go up*
tomar *to take*	leer *to read*	
preguntar *to ask*		
trabajar *to work*		
ganar *to earn, win*		

- Many verbs end in **-ar**, a smaller group in **-er**, and only a few in **-ir**.

35 Stem-changing verbs (Verbos con diptongo) *e → ie*

	A -ar **cerrar** *to close*	B -er **querer** *to want/love*	C -ir **preferir** *to prefer*
S1	cierro *I close*	quiero *I want*	prefiero *I prefer*
2	cierras	quieres	prefieres
3	cierra	quiere	prefiere
P1	cerramos	queremos	preferimos
2	cerráis	queréis	preferís
3	cierran	quieren	prefieren

D Some verbs with stem **e → ie**

empezar (a) *to begin*
pensar *to think*
despertarse *to wake up*
sentarse *to sit down*

tener *to have/own*
(N.B. S1 tengo, **63**)
entender *to understand*

venir *to come*
(N.B. S1 vengo, **65**)
sentir *to feel*

36 Stem-changing verbs (Verbos con diptongo) *o → ue*

	A -ar **almorzar** *to eat lunch*	B -er **poder** *to be able*	C -ir **dormir** *to sleep*
S1	almuerzo *I eat lunch*	puedo *I can, know*	duermo *I sleep*
2	almuerzas	puedes	duermes
3	almuerza	puede	duerme
P1	almorzamos	podemos	dormimos
2	almorzáis	podéis	dormís
3	almuerzan	pueden	duermen

D Some verbs with stem **o → ue**

encontrar *to find*
contar *to count, relate*
sonar *to sound, ring*
costar *to cost*
acostarse *to go to bed*
acordarse (de) *to remember*

volver *to return*
morir *to die*
llover *to rain*
(llueve *it's raining*)
doler *to ache/hurt* (**74**)

E **u → ue**

The verb **jugar** (*to play*) with **u** in the stem also has a diphthonged form with **ue**:
juego, juegas, juega, jugamos, jugáis, juegan

37 Present participle (El gerundio)

-ar: stem + **ando** **-er**: stem + **iendo** **-ir**: stem + **iendo**

El chico está mir**ando** la tele. *The boy is watching the television.*
Paula está com**iendo** un bocadillo. *Paula is eating a sandwich.*
Carmen está escrib**iendo** una postal. *Carmen is writing a postcard.*

- The present tense of **estar** + present participle expresses a continuous action at the present time.
- Note that in the present participle the letter **i** does not appear between two vowels; **y** is used instead, e.g. **leer** (*to read*) – **leyendo** (see **89D**).
- The verb **llevar** is sometimes used with the present participle (see **40**).

38 Future tense (El futuro)

A **ir a** + infinitive

S1	voy a escribir *I shall write, I am going to write*	P1	vamos a escribir
2	vas a escribir	2	vais a escribir
3	va a escribir	3	van a escribir

Voy a escribir las cartas.	*I am going to write the letters.*
Ana va a volver esta tarde.	*Ana will come back this afternoon.*
Va a llover.	*It's going to rain.*
Vamos a alquilar un coche.	*We are going to hire a car.*

- The future is often expressed with the present tense of the verb **ir** + **a** + infinitive.

B

¿Dónde pongo la mesa?	*Where shall I put the table?*
¿Os hago una tortilla?	*Shall I make an omelette for you?*
¿Vamos al cine?	*Shall we go to the cinema?*

- In questions in the first person (*shall I ...? shall we ...?*) the English *shall* corresponds to the Spanish present tense.

39 Perfect tense (El pretérito compuesto)

The perfect tense consists of the present tense of **haber** (**52**) and the *past participle* of the main verb.

	A **-ar** stem + **ado**	B **-er** stem + **ido**	C **-ir** stem + **ido**
S1	he hablado *I have spoken*	he comido *I have eaten*	he vivido *I have lived*
2	has hablado	has comido	has vivido
3	ha hablado	ha comido	ha vivido
P1	hemos hablado	hemos comido	hemos vivido
2	habéis hablado	habéis comido	habéis vivido
3	han hablado	han comido	han vivido

D

Hoy no he comido nada.	*I haven't eaten anything today.*
◆ ¿Ya ha venido Juan?	*Has Juan come yet?*
❍ Sí, ha venido esta mañana.	*Yes, he came this morning.*

- The perfect is one of the tenses which the Spanish use to indicate the past. It is used, like the English perfect, to indicate something that *has* happened *recently*.

40 *Llevar* + expressions of time

La portera lleva más de 15 años en esta casa.	*The caretaker has been in this house for over fifteen years.*
Lleva más de una semana lloviendo.	*It's been raining for more than a week.*

- For something which has gone on and *is still going on*, the present tense of **llevar** + an expression of time is sometimes used.

Viven en Francia desde hace 15 años.	*They have lived in France for fifteen years.*

- In the same way, the *present tense* of the verb + **desde hace** + an expression of time can be used.

41 Irregular past participles

Certain verbs have irregular past participles, for instance:

abrir – **abierto**	hacer – **hecho**	romper – **roto**
decir – **dicho**	morir – **muerto**	ver – **visto**
escribir – **escrito**	poner – **puesto**	volver – **vuelto**

42 Preterite tense (El pretérito)

	A -ar **hablar**	B -er **comer**	C -ir **vivir**
S1	hablé *I spoke*	comí *I ate*	viví *I lived*
2	hablaste	comiste	viviste
3	habló	comió	vivió
P1	hablamos	comimos	vivimos
2	hablasteis	comisteis	vivisteis
3	hablaron	comieron	vivieron

- The regular preterite tense has the spoken stress on the ending. The dot (·) shows where the stress falls.

decir	**dije**	ir	**fui**	ser	**fui**
estar	**estuve**	poder	**pude**	ver	**vi**
hacer	**hice**	poner	**puse**		

- Certain verbs have irregular preterite tenses. Their stems change, and the stress in S1 and 3 often falls on the stem instead of the ending. See summary of verbs, **46–67**.

43 Use of the preterite

A Ayer Julián **volvió** de Madrid a las ocho. Octavio **fue** a buscar a Julián en la estación. La hermana les **preparó** una comida riquísima. Después todos **comieron** juntos.

Yesterday Julián came back from Madrid at eight o'clock. Octavio went to fetch Julián from the station. His sister cooked an excellent meal for them. Afterwards they all ate together.

B En menos de una hora Octavio **vendió** toda la pesca.
In less than an hour, Octavio sold the whole catch.
Pasé unos días en un poblado indígena.
I spent a few days in a native village.

C Miguel estaba en la cocina cuando **llegó** un amigo.
Miguel was in the kitchen when a friend came.

- The preterite is one of the tenses used in Spanish to indicate the past. It indicates completed actions in the past and is used, among others, in the following cases:
  A in stories in which events succeed one another (*first this happened ..., then ..., then ...*) and for events which occurred at a certain moment (*at one o'clock this happened ...; yesterday ...; in 1982 ...*);
  B to indicate that something happened during a limited time and is now completed (*for five years ...; a few minutes ...; over three centuries ...*);
  C to indicate something that happened while something else was going on. (To describe something going on, the *imperfect* is used in Spanish; see **44**.)

44 Imperfect tense (El imperfecto)

A **-ar** **hablar**	B **-er** **comer**	C **-ir** **vivir**
hablaba *I spoke*	comía *I ate*	vivía *I lived*
hablabas	comías	vivías
hablaba	comía	vivía
hablábamos	comíamos	vivíamos
hablabais	comíais	vivíais
hablaban	comían	vivían

- Regular imperfect endings are stressed. The dot (·) shows where the stress falls.
- Only **ser** (**era**), **ir** (**iba**) and **ver** (**veía**) are irregular in the imperfect.
  The imperfect is one of the tenses used in Spanish to indicate the past. It is used:
- to indicate something that was going on when something else happened (see **43C**);
- to describe what someone or something looked like or was;
- to indicate what used to happen, a repeated action, a habit.

45 Imperative (El imperativo)

A Form of address to **usted**, **ustedes**

	ar		**-er**		**-ir**	
	contestar	**cerrar**	**comer**	**volver**	**escribir**	**dormir**
→ **usted**	conteste *answer!*	cierre *close!*	coma *eat!*	vuelva *come back!*	escriba *write!*	duerma *sleep!*
→ **ustedes**	contesten	cierren	coman	vuelvan	escriban	duerman

These forms of orders or requests are used only to the people to whom one says **usted**, **ustedes**.

B

Pregunte en la caja. (preguntar)	*Ask at the cash desk.*
Tenga la llave. (tener)	*Here is the key.*
Deme un sello. (dar)	*Give me a stamp.*
Dígame. (decir)	*Hello. (on the telephone)*
Oiga. (oír)	*Hello! (to attract attention)*
Diga. (decir)	*What can I do for you?*
Póngame un kilo. (poner)	*Give me a kilo.*
Haga el favor de enviar … (hacer)	*Please send …*

- The imperative forms of common irregular verbs are often used in courtesy phrases.

Look at the verbs in the verb summary (**46–67**) and compare the present tense with the imperative. If a verb has an irregularity in S1 of the present tense, the same irregularity is often found in the imperative.

If an object pronoun follows the affirmative form in English, it is placed after the imperative and joined to it in Spanish, e.g. *Tell me!* **¡Dígame!** Note that a written accent is needed to show where the spoken stress still falls.

C Form of address to **tú**, **vosotros**

	-ar		**-er**		**-ir**	
	contestar	**cerrar**	**comer**	**volver**	**escribir**	**dormir**
→ **tú**	contesta *answer!*	cierra *close!*	come *eat!*	vuelve *come back!*	escribe *write!*	duerme *sleep!*
→ **vosotros**	contestad	cerrad	comed	volved	escribid	dormid

¡Mira! (mirar) *Look!* **¡Oye!** (oír) *Listen!*
¡Toma! (tomar) *Here you are!*

These forms are used for people to whom you use **tú**. They are not used in negative requests or commands.

D **Llamar** el martes. *Ring on Tuesday.*

- The infinitive is often used as an order, especially in instructions and advertisements.

Irregular verbs 46–67

		present	pres. participle	preterite	perfect

46 **abrir** *to open*

	present	pres. participle	preterite	perfect
S1	abro	abriendo	abrí	he abierto
2	abres			

47 **conocer** *to know*

	present	pres. participle	preterite	perfect
S1	conozco	conociendo	conocí	he conocido
2	conoces			

48 **dar** *to give*

	present	pres. participle	preterite	perfect
S1	doy	dando	di	he dado
2	das		diste	
3	da	*imperative with*	dio	
P1	damos	*usted*	dimos	
2	dais	dé	disteis	
3	dan	den	dieron	

dar clases *to teach* • dar una vuelta *to go for a walk*
Deme Cambio 16. *Give me Cambio 16.*

49 **decir** *to say*

	present	pres. participle	preterite	perfect
S1	digo	diciendo	dije	he dicho
2	dices		dijiste	
3	dice	*imperative with*	dijo	
P1	decimos	*usted*	dijimos	
2	decís	diga	dijisteis	
3	dicen	digan	dijeron	

¡Dígame! *Hello! (on the telephone)* • ¡Diga! *Go on, I'm listening!*

50 **escribir** *to write*

	present	pres. participle	preterite	perfect
S1	escribo	escribiendo	escribí	he escrito
2	escribes			

describir *to describe*

	present	pres. participle	preterite	perfect

51 **estar** *to be*

	present	pres. participle	preterite	perfect
S1	estoy	estando	estuve	he estado
2	estás		estuviste	
3	está		estuvo	
P1	estamos		estuvimos	
2	estáis		estuvisteis	
3	están		estuvieron	

See also **33C** and **69–73**.

52 **haber** *to have* (auxiliary verb only, see **39**)

	present	pres. participle	preterite	perfect
S1	he	habiendo		
2	has			
3	ha (hay)		hubo	ha habido
P1	hemos			
2	habéis			
3	han			

hay see **33A** • **hay que** + *infinitive* = *one must, it is necessary to*
No hay de qué. *Don't mention it! Not at all!*

53 **hacer** *to do, make*

	present	pres. participle	preterite	perfect
S1	hago	haciendo	hice	he hecho
2	haces		hiciste	
3	hace	*imperative with*	hizo	
P1	hacemos	*usted*	hicimos	
2	hacéis	haga	hicisteis	
3	hacen	hagan	hicieron	

hacer + weather expressions, see **68B**
hace … *for …, … ago* (see also **68B**)
Haga el favor de darme … *Please give me …*

54 **ir** *to go*

	present	pres. participle	preterite	perfect
S1	voy	yendo	fui	he ido
2	vas		fuiste	
3	va	*imperative with*	fue	
P1	vamos	*usted*	fuimos	
2	vais	vaya	fuisteis	
3	van	vayan	fueron	

irse *to go away* • ir en autobús *to go by bus* • ir en bicicleta *to cycle*
ir a pie *to go on foot*
¡Vamos! *Come on, let's go!*
Vamos a alquilar un coche. *We're going to hire a car.* (see **38A**)

	present	pres. participle	preterite	perfect

55 **oír** *to hear*

S1	oigo	oyendo	oí	he oído
2	oyes		oíste	
3	oye	*imperative with*	oyó	
P1	oímos	*tú*	*usted*	oímos
2	oís	oye	oiga	oísteis
3	oyen	oíd	oigan	oyeron

¡Oye! *Hey, listen!* (informal, **tú**)
¡Oiga! *Hello! Hey, listen!* (*formal,* **usted**)
Variation **i–y**, see **37** and **89D**.

56 **poder** *to be able*

S1	puedo	pudiendo	pude	he podido
2	puedes		pudiste	
3	puede		pudo	
P1	podemos		pudimos	
2	podéis		pudisteis	
3	pueden		pudieron	

See also **36B**.

57 **poner** *to put, place, lay*

S1	pongo	poniendo	puse	he puesto
2	pones		pusiste	
3	pone	*imperative with*	puso	
P1	ponemos	*usted*	pusimos	
2	ponéis	ponga	pusisteis	
3	ponen	pongan	pusieron	

ponerse *to put on (clothes)*
Póngame dos kilos, por favor. *Please give me two kilos.*

58 **querer** *to want, wish, love*

S1	quiero	queriendo	quise	he querido
2	quieres		quisiste	
3	quiere		quiso	
P1	queremos		quisimos	
2	queréis		quisisteis	
3	quieren		quisieron	

quisiera (*imperfect subjunctive*) *I should like*
Quisiera ir a Madrid. *I'd like to go to Madrid.*
Querido tío: *Dear uncle, (in a letter)*

59 **romper** *to break*

S1	rompo	rompiendo	rompí	he roto

El plato está roto. *The plate is broken.* (see **73**)

60 **saber** *to know, to be able/know how to*

S1	sé	sabiendo	supe	he sabido
2	sabes		supiste	
3	sabe		supo	
P1	sabemos		supimos	
2	sabéis		supisteis	
3	saben		supieron	

saber cocinar *to be able to cook*

61 **salir** *to go out, leave*

S1	salgo	saliendo	salí	he salido
2	sales	*imperative with usted*		
		salga		
		salgan		

Octavio sale solo a pescar. *Octavio goes out fishing alone.*
Salgo de casa a las ocho. *I leave home at eight.* • la salida *exit*

62 **ser** *to be* (see also **33B** and **69–73**)

S1	soy	siendo	fui	he sido
2	eres		fuiste	
3	es		fue	
P1	somos		fuimos	
2	sois		fuisteis	
3	son		fueron	

Soy yo. *It's me.* • ¿Cuánto es? *How much is it?*
Son 50 céntimos. *It's 50 cents.*

63 **tener** *to have, own, hold*

S1	tengo	teniendo	tuve	he tenido
2	tienes		tuviste	
3	tiene	*imperative with*	tuvo	
P1	tenemos	*usted*	tuvimos	
2	tenéis	tenga	tuvisteis	
3	tienen	tengan	tuvieron	

Phrases with **tener**, see **68A** • tener que *to have to, need to*
¡Tenga! *Here you are!*

64 **traer** *to bring*

	present	pres. participle	preterite	perfect
S1	traigo	trayendo	traje	he traído
2	traes		trajiste	
3	trae	*imperative with*	trajo	
P1	traemos	*usted*	trajimos	
2	traéis	traiga	trajisteis	
3	traen	traigan	trajeron	

65 **venir** *to come*

	present	pres. participle	preterite	perfect
S1	vengo	viniendo	vine	he venido
2	vienes		viniste	
3	viene	*imperative with*	vino	
P1	venimos	*usted*	vinimos	
2	venís	venga	vinisteis	
3	vienen	vengan	vinieron	

¡Ya voy! *I'm coming!*

66 **ver** *to see*

	present	pres. participle	preterite	perfect
S1	veo	viendo	vi	he visto
2	ves		viste	
3	ve	*imperative with*	vio	
P1	vemos	*usted*	vimos	
2	veis	vea	visteis	
3	ven	vean	vieron	

verse *to meet, see one another*
Nos vemos a las diez. *We'll meet at ten o'clock.*
A ver si sabes. *Let's see if you know.*

67 **volver** *to return, come back*

	present	pres. participle	preterite	perfect
S1	vuelvo	volviendo	volví	he vuelto
2	vuelves		volviste	
3	vuelve	*imperative with*	volvió	
P1	volvemos	*usted*	volvimos	
2	volvéis	vuelva	volvisteis	
3	vuelven	vuelvan	volvieron	

envolver *to wrap*

68 The verbs *tener* and *hacer*

A tener

Tengo once años.	*I am eleven (years old).*
◆ ¿Tienes hambre?	*Are you hungry?*
❍ No, pero tengo mucha sed.	*No, but I'm very thirsty.*

- Note the above cases in which in Spanish **tener** is used where *to be* would be used in English.

B hacer

Hace buen tiempo.	*It's fine weather.*
Hace calor.	*It's hot.*
Hace frío; hace 10 grados bajo cero.	*It's cold; it's ten degrees below zero.*

- **Hacer** is used in expressions about the weather.

Viven en Francia desde hace quince años.	*They have lived in France for fifteen years now.*
Se casaron hace diez años.	*They married ten years ago.*

- **Hace** is used to mean *ago*; **desde hace** = *since/for* + specific time.

The use of ser and estar 69–73

69 *Estar* alone

A

Sevilla está en Andalucía.	*Seville is in Andalusia.*
Carlos está en la cocina.	*Carlos is in the kitchen.*
La moto está delante de la librería.	*The motorbike is outside the bookshop.*

- **Estar** here indicates *where* (position, situation, location).

B

◆ ¿Cómo **está** usted?	*How are you?*
❍ **Estoy** bien, gracias, ¿y usted?	*I'm well, thank you, and yourself?*

- **Estar** here indicates *state of health.*

70 *Ser* alone

Antonia **es** cajera.	*Antonia is a cashier. (occupation)*
Es la hermana de Juan.	*She is Juan's sister. (family relationship)*
¿Qué **es**? **Es** una radio.	*What is it? It's a radio. (definition)*
Hoy **es** domingo.	*It's Sunday today. (day of the week)*
Es el 19 de julio.	*It's the nineteenth of July. (date)*
Son las once.	*It's eleven o'clock. (time)*
Mi mujer **es** española.	*My wife is Spanish. (nationality)*
Es de Granada.	*She is from Granada. (origin)*
Es católico.	*He is a Catholic. (religion)*

- **Ser** is used with nouns.
  It indicates occupation, family relationship, day, date, time, nationality, origin, religion. **Ser** is also used when defining *what* something is.

71 *Ser* or *estar* with adjectives

If an adjective follows, either **ser** or **estar** may be used. The choice between **ser** and **estar** depends on what the adjective expresses and how the person speaking experiences the adjective.

A	La chica **es** muy alta.	*The girl is very tall. (appearance)*
	Es morena.	*She is dark. (appearance)*
	Es muy simpática.	*She is very nice. (character)*
	Su maleta **es** negra.	*Her suitcase is black. (colour)*
	Es grande y larga.	*It is large and long. (shape)*

- **Ser** is used if the adjective expresses a permanent quality, something distinctive to that person or thing.

B	El hombre **está** muy ofendido.	*The man is very offended.* (Someone has offended him.)
	Claro que **está** cansado.	*Of course he's tired.* (He came home late yesterday.)
	El piso **está** vacío.	*The flat is empty.* (No one has moved in.)
	Las sandías **están** maduras.	*The water-melons are ripe.* (They have had time to ripen.)
	¿Quién ha puesto azúcar en mi café? **Está** muy dulce.	*Who has put sugar in my coffee? It's too sweet.* (The sugar has made it sweet.)
	Para **estar** más seguro esconde el dinero.	*He hides his money to make him feel safer.* (He wants to achieve safety.)

- **Estar** is used to indicate something that is temporary and passing, a condition or the result of a change that has taken place.

72 *Ser* or *estar* – different meanings

Compare the following sentences in which **ser** and **estar** have the same adjective. The choice of verb gives different meanings to the sentence.

Mi hermano **es** muy alto.	*My brother is very tall.*
Hoy he visto a Carlos.	*I met Carlos today.*
¡Qué alto **está**!	*How tall he is!*

- **ser**: he is tall; **estar**: he has grown, become tall

Andrés **es** muy simpático.	*Andrés is very pleasant.*
¡Qué simpática **está** Ana hoy!	*How pleasant Ana is today!*

- **ser**: he is pleasant in his ways; it is part of his character
  estar: today she is making an especially good impression

La película **es** muy triste.	*The film is very sad.*
Juan **está** muy triste.	*Juan is very sad.*

- **ser**: in the category of 'sad films'
  estar: someone has made him sad; he feels sad

Estas uvas **son** muy dulces.	*These grapes are very sweet.*
El café **está** muy dulce.	*The coffee is very sweet.*

- **ser**: a sweet kind of grape; **estar**: someone has put in a lot of sugar

73 *Estar* with past participle

La discoteca **está** cerrada.	*The discotheque is closed.* (Someone has closed it.)
Las ventanas **están** abiertas.	*The windows are open.* (Someone has opened them.)
El plato **está** roto.	*The plate is broken.* (Someone has broken it.)

- Sometimes a past participle is used as an adjective. Then **estar** is nearly always used.

74 The verbs *gustar* and *doler*

A Singular

Me gusta el café.	*I like coffee.*
Te gusta el café.	*You (**tú**) like coffee.*
Le gusta el café.	*He, she, you (**usted**) like(s) coffee.*
Nos gusta el café.	*We like coffee.*
Os gusta el café.	*You (**vosotros**) like coffee.*
Les gusta el café.	*They, you (**ustedes**) like coffee.*
Me duele la cabeza.	*My head aches.*
Te duele la cabeza.	*Your head aches.*

B Plural

Me gustan las gambas.	*I like prawns.*
Te gustan las gambas.	*You like prawns.*
Me duelen los pies.	*My feet ache.*
Te duelen los pies.	*Your feet ache.*

- **Gustar** and **doler** are used with the indirect object forms (see **22**).
- With these verbs the noun takes the definite article (see **3C**).

C

A mí me gusta el frío.	*I like cold weather.*
A él le ha gustado la película.	*He liked the film.*

- If the person is to be particularly emphasized, or if clarification is needed with **le**, **les**, both the indirect object (**me**, **le** etc.) and the preposition form (**a mí**, **a él** etc.) are used.

75 Impersonal reflexive construction (La pasiva refleja)

Se habla español.	*Spanish is spoken.*
En España **se hablan** muchas lenguas.	*Many languages are spoken in Spain.*
Se exporta mucho vino.	*A great deal of wine is exported.*
Se exportan naranjas.	*Oranges are exported.*

- The reflexive verb is singular if it deals with *one* thing. The reflexive verb is plural if it deals with *several* things.

The reflexive form also corresponds to the use of *one* in English:

Aquí **se puede** comprar vino.	*Here one can buy wine.*

76 Negatives (Las negaciones)

A

No está en Santiago.	*He isn't in Santiago.*
No ha comprado el piso.	*He hasn't bought the flat.*
¡**No** lea más!	*Don't read any more!*

- **No** is placed before the simple verb, before the auxiliary verb **haber** and before the imperative.

B

No desayuno **nunca** en casa.	*I never eat breakfast at home.*
Pablo **nunca** desayuna en la cafetería.	*Pablo never eats breakfast at the café.*
No quiero **nada** más.	*I don't want anything else.*
Nada especial.	*Nothing special.*
No hay **ningún** hotel por aquí.	*There is no hotel round here.*
No ha llegado **nadie**.	*No one has arrived.*

- If the negations **nunca**, **nada**, **ninguno** or **nadie** come after the verb, **no** must be placed before the verb.

C

¿La carta? Yo **no la** tengo.	*The letter? I haven't got it.*
No la he leído.	*I haven't read it.*
¿**No me** das la carta?	*Aren't you going to give me the letter?*
No me acuerdo del nombre.	*I can't remember the name.*

- **No** is always placed before the object pronoun (direct, indirect or reflexive).

Prepositions (Las preposiciones) 77–80

77 Prepositions *a, de* and *en*

Voy **a** casa ahora.	*I'm going home now.*
Andrés es **de** Madrid.	*Andrés is from Madrid.*
Ahora vive **en** Lima, **en** Perú.	*Now he lives in Lima, in Peru.*
Entra **en** la farmacia.	*He goes into the chemist's.*

- **A** expresses direction (*to*).
- **De** expresses origin (*from*).
- **En** expresses presence (*in, at*). With the verb **entrar**, however, **en** expresses direction (*into*).

78 Personal *a*

Miguel acompaña **a** Laura.	*Miguel accompanies Laura.*
❍ ¿Ves **a** los niños?	*Can you see the children?*
◆ Veo **a** la niña pero no **al** niño.	*I can see the girl but not the boy.*
❍ ¿Conoces **a** Anita?	*Do you know Anita?*
◆ No, no la conozco.	*No, I don't know her.*
Pedro mira **a** la chica pero ella sólo mira los anuncios.	*Pedro looks at the girl, but she just looks at the advertisements.*

- The preposition **a** is placed before the direct object when this denotes a specific person. Note, however, that it is not used after **tener**:

Tengo dos hermanos.	*I have two brothers.*

79 Preposition in English – no preposition in Spanish

Anita mira las fotos.	*Anita is looking at the photos.*
Muy pocos escuchan la radio.	*Very few people listen to the radio.*

80 The hour and parts of the day

A las cinco **de** la tarde.	*Five o'clock in the afternoon.*
A las seis **de** la mañana llega el tren.	*The train arrives at six o'clock in the morning.*
por la mañana, **por** la tarde y **por** la noche	*in the morning, in the afternoon and in the evening*

- **a** is used before the hour.
- **de** is used before the part of the day when the hour precedes it.
- **por** is used before parts of the day.

81 The Spanish alphabet (El alfabeto español)

a [a]	h [atʃe]	ñ [eɲe]	u [u]
b [be]	i [i]	o [o]	v [uβe]
c [θe]	j [χota]	p [pe]	w [uβe doβle]
d [de]	k [ka]	q [ku]	x [ekis]
e [e]	l [ele]	r [ere]	y [iγrjeγa] 'i griega'
f [efe]	m [eme]	s [ese]	z [θeda, θeta]
g [χe]	n [ene]	t [te]	

82 Vowels (Las vocales)

A Simple vowels (Las vocales simples)

The five vowel sounds in Spanish are short and precise. **a**, **e** and **o** are strong vowels; **i** and **u** are weak.

vowel	*example*	*pronounced approx.*
a [a]	l**a** c**a**rt**a** *letter* m**á**s *more*	f**a**ther
e [e]	la t**e**l**e** *television* tr**e**s *three*	g**e**t
i [i]	el d**i**sco *record* aqu**í** *here*	f**ee**t
y [i]	Juan **y** Ana *Juan and Ana*	s**ea**t
o [o]	d**o**s b**o**ls**o**s *two bags*	h**o**lidays
u [u]	C**u**ba B**u**rgos t**ú** *you*	f**oo**d

The letter **u** is not pronounced in **gue**, **gui**, **que** and **qui**:

gue [ge]	Mi**gue**l **gue**rra	**que** [ke]	¿**qué**? Enri**que**
gui [g]	**guí**a **gui**tarra	**que** [ki]	**qui**nce ¿**qui**én?

B Diphthongs (Los diptongos)

A diphthong is two linked vowels pronounced as one syllable. In Spanish diphthongs, one of the vowels is always **i** or **u**.

- In *rising* diphthongs, **i** or **u** comes first.
  b**ie**n *well* b**ue**no *good* ¿c**uá**nto? *how much?*
- In *falling* diphthongs, **i** or **u** comes after another vowel.
  Europa **au**tobús *bus* **ai**re *air* ac**ei**te *oil* h**oy** *today*
- The combinations **ui** (**uy**) and **iu** are pronounced as *rising* diphthongs.
  m**uy** *very* **ciu**dad *city, town* L**ui**s
- To mark that two vowels are *not* pronounced as a diphthong, an accent is put over **i** or **u**.
  d**ía** *day* Mar**ía** R**aú**l

83 Consonants (Las consonantes)

b/v	(**b** and **v** are both characters for the same sound)	
	[b] At beginning of words after a pause and after **m** and **n**: as English *b*	¡**V**amos! *Let's go.* ta**mb**ién *also* i**nv**ierno *winter* en **B**arcelona *in B.* en **V**alencia *in V.*
	N.B. *nv* is pronounced *mb*	u**n** **b**ue**n** **v**ino *a good wine*
	[β] In other places than the above: softer *b*-sound, nearer *v*	Cu**b**a a **V**alencia *to V.* el a**v**ión *the aeroplane* el **b**anco *the bank*
c	[θ] Before **e** and **i**: like *th* in *th*ing	Bar**c**elona Valen**c**ia **c**inco *five* on**c**e *eleven*
	All over Latin America, in the Canary Islands and in parts of southern Spain, **c** before **e** and **i** (and the letter **z**) is pronounced with the *s*-sound. This is called **seseo**, e.g. cinco [siŋko].	
	[k] Elsewhere: as English *k*, but softer	**C**ristóbal **C**olón *Christopher Columbus* **C**armen **C**uba cin**c**o *five* **c**laro *clear*
ch	[tʃ] As *ch* in mu*ch*	**Ch**ile co**ch**e *car*
d	[d] At beginning of words after a pause and after **l** and **n**: as English *d*	**D**eme ¡Hola! *Give me ¡Hola!* e**l** **d**isco *the record* u**n** **d**isco *a record* fa**ld**a *skirt* ¿**D**ó**nd**e? *Where?*
	[ð] Elsewhere: voiced lisp-sound, like *th* in *th*is	na**d**a *nothing* Ecua**d**or
	At the end of a word (e.g. ciuda**d**, Madri**d**) the **d** is often pronounced very weakly.	
f	[f] As English *f*	**F**rancia *France*
g	[χ] Before **e** and **i**: as *ch* in lo*ch*	Ar**g**entina **G**ibraltar **g**ente *people*
	[g] At beginning of words after a pause and after **n**: as English *g* in goat	¡**G**racias! *Thank you!* ten**g**o *I have* un **g**ato *a cat*
	[γ] Before **a**, **o**, **u** and **r**: softer *g*-sound, guttural	Mála**g**a al**g**o *something* ne**g**ro *black* ¡Muchas **g**racias! *Thank you very much!* una ciudad **g**rande *a large city/town*
h	Never pronounced	[h]ombre *man* [h]acer *to do*
j	[χ] As *ch* in *loch*	**J**uan **J**orge naran**j**a *orange*
k	[k] As English *k*, but with less aspiration Occurs only in words of foreign origin.	**k**ilómetro *kilometre*
l	[l] As English *l*	**l**os **l**ibros *the books*
ll	[λ] As *lli* in mi*lli*on	Sevi**ll**a ca**ll**e *street* **ll**evar *carry*
	In most of Latin America, the Canary Islands and in Spain from Madrid southwards, **ll** is pronounced as *y* in *yes*. This is called **yeísmo**, e.g. calle [kaje].	
m	[m] As English *m*	**m**a**m**á *mother, mum*
n	[n] As English *n*	u**n**a **n**oche *a night*
ñ	[ɲ] As *ni* in o*ni*on	Espa**ñ**a ma**ñ**ana *tomorrow* a**ñ**o *year*

p	[p]	As English *p* but with less aspiration	**p**ero *but*
		In some words, **p** before **t** is mute, e.g. **septiembre** *September* (also written **setiembre**); **séptimo** *seventh.*	
qu	[k]	As English *k*, but softer	**qu**ince fifteen
		Occurs only in combinations **qui** [ki], **que** [ke].	Enri**qu**e **qu**eso *cheese*
r	[r]	Within words and at ends of words: short rolling *r*, pronounced clearly separated from adjacent consonant	pe**r**o *but* ca**r**o *expensive* ve**r** *see* puer**t**a *door* **t**res *three*
	[ɾ]	At beginning of words, and after **n**, **l**, or **s**: rolling *r*	**r**evista *magazine* En**r**ique al**r**ededor *around* Is**r**ael
rr	[ɾ]	Rolling *r* as above	pe**rr**o *dog* ca**rr**o *cart*
s	[s]	Pronounced as *ss* and nearer *sh* as in *shell*	E**s**paña **s**obre *on*
	[z]	before **b**, **d**, **g**, **m**, **n** and **l**: slightly voiced, nearer *z*	bueno**s** **d**ías *good day* mi**sm**o *same* lo**s** **l**ibros *the books*
		Before **r**, the **s** often disappears.	La**s** **R**amblas [laramblas]
		In Latin America and in southern Spain, **s** is pronounced as an English *s*, without the *sh*-sound. In parts of Latin America and southern Spain, and in the Canary Islands, **s** at the end of a syllable is pronounced approx. as *h*, e.g. España [ehpaɲa]; Las Palmas [lahpalmah].	
t	[t]	As English *t* but without aspiration	**t**ambién *also* bo**t**ella *bottle*
v		See **b** above	
w	[v]	As English *v*	**w**indsurf
		Occurs only in words of foreign origin.	
x	[ɣs]	Between vowels (in clear pronunciations [ks])	e**x**amen *exam* e**x**istir *to exist*
	[s]	Before consonants and at the beginning of words	te**x**to *text* e**x**portar *to export* **x**enofobia *xenophobia*
		In some words **x** is pronounced as *s* between vowels, e.g. e**x**acto *exact*; pró**x**imo *next.* In the words Mé**x**ico and me**x**icano **x** is pronounced like the letter **j** [χ].	
y	[j]	At beginning of words and between vowels: as *y* in *yes*	desa**y**uno *breakfast* ma**y**o *may* **y**o *I* **y**a *already*
	[i]	In the word **y** (*and*) and in diphthongs: as **i**	Isabel **y** Javier *Isabel and Javier* ha**y** *there is* so**y** *I am*
z	[θ]	As *th* in *th*ing	**Z**ara**g**oza a**z**úcar *sugar*
		All over Latin America, in the Canary Islands and in parts of southern Spain, **z** is pronounced (like the letter **c** before **e** and **i**) with the *s*-sound. This is called **seseo**, e.g. azúcar [asukar].	

84 Stress (La acentuación)

A If a word ends in a *vowel*, **n** or **s**, it is stressed on the *next to last* syllable. Rising diphthongs (**-ia**, **-io**, etc.) are counted as simple vowels.

bolso *bag* puerta *door*
hablan *they speak* tebeo *comic*
bolsos *bags* puertas *doors*
farmacia *chemist's* gracias *thanks*
julio *July*

B If a word ends in a *consonant* (except **n** or **s**) the *last* syllable is stressed.

señor *gentleman* comprar *to buy*
azul *blue* jerez *sherry* Gibraltar

C Many words do not follow these two main rules for stress. Then a written *accent* is placed on the spoken stressed vowel.

aquí *here* compré *I bought*
también *also* avión *aeroplane*
adiós *goodbye* teléfono *telephone*
Málaga Cádiz Ángel

85 Accents (El acento)

Written accents are used in the following cases:

A to indicate interrogative words
¿qué? *what?* **¿cómo?** *how?* **¿dónde?** *where?* **¿por qué?** *why?*
¿cuándo? *when?*

B to distinguish words with the same pronunciation but different meanings
tú *you* – **tu** *your*
mí *me* – **mi** *my*
él *he* – **el** *the*
té *tea* – **te** *you*
sí *yes* – **si** *if*
dé *give* (imperative of **dar**) – **de** (preposition)

C to 'break' a diphthong
día *day* (cf. farmacia *chemist's*)
país *country* (cf. ¿Adónde vais? *Where are you going?*)

D in words that do not follow the rules for stress (see **84**)
está *is* **canción** *song* **país** *country* **teléfono** *telephone*

86 Intonation (La entonación)

A Short statements, a rhythmic phrase

Esto es un bolso.	*This is a bag.*
Madrid está en España.	*Madrid is in Spain.*

- The tone falls at the end.

B Longer statements, several rhythmic phrases

En la maleta negra hay una corbata.	*In the black suitcase there is a tie.*

- The tone rises in the middle and falls at the end.

C Questions begun with interrogative words

¿Qué hay en el bolso?	*What is in the suitcase?*
¿Qué país es?	*What country is that?*
¿Adónde va usted?	*Where are you going?*

- The tone falls at the end.

D Other questions

¿Se llama usted Mendoza?	*Is your name Mendoza?*
¿Y en el bolso blanco?	*And in the white suitcase?*
¿Algo más?	*Anything else?*

- The tone rises at the end.

87 Sound-linking

A Vowel-linking (La sinalefa)

Tengo un libro interesante para usted.	*I have an interesting book for you.*
Ahora va a hablar Carmen.	*Carmen is going to speak now.*
Manaña a la una va a ir a La Habana.	*At one o'clock tomorrow he is going to go to Havana.*

- When vowel sounds end and begin consecutive words they are linked together in speech.

B Consonant-linking (El entrelazamiento consonántico)

Los otros hombres están allí.	*The other men are there.*
Van a Buenos Aires.	*They're going to Buenos Aires.*

- Linking occurs between final consonants and following vowels.

88 Punctuation marks (Los signos de puntuación)

.	el punto	( )	los paréntesis
,	la coma	–	la raya
;	el punto y coma	-	el guión
:	los dos puntos	" "	las comillas
...	los puntos suspensivos	´	el acento ortográfico
¿?	la interrogación	~	la tilde (only over **ñ**)
¡!	la exclamación	¨	la diéresis

- Question marks and exclamation marks are put *before* the question and exclamation as well as after, though they are then upside-down. They are also put inside a sentence immediately before the beginning of the actual question or exclamation:

  Y tú, ¿cómo estás? *And how are you?*
  Mira, ¡qué bolso más bonito! *Look, what a nice bag!*

89 Some changes in spelling

A	**z** → **c** before **e**	una ve**z** *once* dos ve**c**es *twice* empie**z**o *I begin* empe**cé** *I began*
B	**g** → **gu** before **e**	lle**g**o *I arrive* lle**gu**é *I arrived*
C	**c** → **qu** before **e**	sa**c**o *I take out* sa**qu**é *I took out*
D	**i** → **y** between vowels	o**i**ga *listen!* (usted) o**y**e *listen!* (tú) le**y**endo (cf. com**i**endo)
E	The word **y** (*and*) changes to **e** before words beginning with the **i**-sound.	padre **e** hijo *father and son* famoso **e** importante *famous and important*
F	The word **o** (*or*) changes to **u** before words beginning with the **o**-sound.	siete **u** ocho *seven or eight*

Spanish–English vocabulary

Numbers after words refer to the unit in which the word first occurs.
* indicates that the word appears in an information panel, caption, illustration or activity instructions.
(*m*) indicates that the word is masculine, *(f)* that it is feminine.
/ie/ and /ue/ indicate that the verb is stem-changing; see Grammar 35, 36.
Verbs are followed by the infinitive form, e.g. **admite** (*admitir*).
Remember that **ñ** is a separate letter in the Spanish alphabet and follows **n**.

A

a to 5; at 34
abierto (*abrir*) open 34; opened 35
el **abonado** subscriber 22*
el **abrazo** hug 25
el **abrigo** overcoat, coat 32
abril April 13
abrir to open 35
la **abuela** grandmother 21
la **abuelita** grandma 21
los **abuelos** grandparents 30
abundante abundant, plentiful 36
aburrido, -a dull, boring 9
el **aceite** (food) oil 4
la **aceituna** olive 24
aceptar to accept 32*
acompañar to accompany, go with 32
acordarse /ue/ to remember 27
acostarse /ue/ to go to bed 25
el **actor** actor 11
actualmente at present, right now 36
la **actividad** activity 1*
el **acueducto** aqueduct 14*
de acuerdo O.K., agreed 34
adelante forward 25; come in! 34
más adelante later on 25
además in addition 4, 17
además de besides 7, 26
adiós goodbye 5
adivinar to guess 12
admite (*admitir*) allows 22*
¿adónde? where to? 5
la **aduana** the Customs 3
el **aeropuerto** airport 2
afeitarse to shave 27
las **afueras** outskirts 22
la **agencia de viajes** travel agency 15
agosto August 13
agradable pleasant 20
agrícola agricultural 4
el **agricultor** farmer 27
la **agricultura** agriculture 40*
el **agua** (*f*) water 25
el **agua** (*f*) **mineral** mineral water 17*
el **agua** (*f*) **potable** drinking water 26
ahí there 33
ahora now 10
el **aire acondicionado** air-conditioning 22*
el **aire libre** open air 34
el **ajedrez** chess 30*
al = **a** + **el** 5
alemán, alemana German 22
Alemania Germany 22*
el **alfiler** pin 33
la **alfombra** rug, carpet 34
algo something, anything 3
algo así something like that 35
algo de comer something to eat 21
el **algodón** cotton 26
alguien someone, anyone 33
algún, alguno some, any 39
alguno, -a some 26
allí there 5
de allí from there 34
los **almacenes** department store 33
almorzar /ue/ to have lunch 19
alquilar to rent, hire 25
alrededor around 9
los **alrededores** surroundings 7
la **altitud** altitude 14
alto, -a tall, high 16
el **alumno**, la **alumna** pupil 16
amable friendly, kind 39
la **amapola** poppy 23*
América Latina Latin America 1
americano, -a American 10
el **amigo**, la **amiga** friend 17
Andalucía Andalusia 4
el **andaluz** Andalusian man 26

andaluz Andalusian 31*
los **Andes** the Andes 40
el **anillo** ring 35*
el **animal** animal 20*, 27
anote (*anotar*) note down 30*
antes earlier, before 13
antes de before 9
antiguo, -a old, ancient 14*
el **anuncio** advertisement 10
el **año** year 12
¿cuántos años tenéis?
how old are you? 12
al año per year 20
aparcar to park 22
el **apartado** P.O. box (number) 10
el **apellido** surname 30
aprender to learn 25
aquel, aquella that 37
aquí here 6
de aquí from here 21
por aquí hereabouts, around here 6
árabe Arabian, Arab 14*, 26
el **árbol** tree 14
el **árbol frutal** fruit tree 27
el **archipiélago** archipelago 20
árido, -a arid 26
el **arma** (*f*) weapon, firearm 40
el **armario** cupboard, wardrobe 34
arqueológico, -a archeological 21
el **arquitecto** architect 20*
arriba up, up there 33
el **arroz** rice 20
la **artesanía** craft, artefact 40*
el/la **artista** artist 14
el **ascensor** lift 33
¡qué asco! how disgusting/revolting! 31
así so, like that 21
las **aspiraciones económicas**
expected salary 10
el **astillero** shipyard 36
Asturias Asturias 36
la **atención** attention 22
atraer to attract 26
aunque although 20, 40
el **auricular** telephone receiver 22*
Austria Austria 22*
el **autobús** bus 5
va en autobús (he/she) goes by bus 5
avanzan (*avanzar*) (they) move
forward, advance 7
Avda. = **avenida** avenue 25*
el **avión** aeroplane 2
ayer yesterday 39
ayudar to help 30
azul blue 5

B

bailar to dance 30
ir a bailar to go to a dance, go dancing 30
bajar to go down 27
bajo, -a low 22*
el **baloncesto** basketball 30*
el **balonmano** handball 30*
el **banco** bank 15
el **baño** bathroom 22*, 34
el **bar** bar 6
barato, -a cheap, inexpensive 16
la **barca** (small) boat 24
la **barra** bar counter 17
el **barrio** quarter, district 7, 40
básico, -a basic 10
bastante quite, rather 16
beber to drink 21
la **bebida** drink 17*
la **beca** scholarship, grant 25
el **beso** kiss 25
la **bicicleta** bicycle 15
bien well 2
muy bien very good, very well 8
el **billete** ticket 38; bank note 12
blanco, -a white 3
la **blusa** blouse 32
el **bocadillo** sandwich 17
el **bolígrafo** ballpoint pen 16
la **bolsa** bag 37
el **bolso** bag 3
la **bombilla** light bulb 27
bonito, -a beautiful, lovely, pretty 20, 25
el **bosque** forest, wood 20*, 36
la **bota** boot 28, 33
las **botas de deportes** trainers 28
la **botella** bottle 3
el **brazo** arm 29
la **broma** joke 25
bueno, -a good 2, 10
bueno yes, well 3; O.K. 24
buenos días good morning 2
buscar to seek, look for 6, 10;
to collect, meet 34
el **buzón** letter-box 15

C

c/ = **calle** 25
el **caballero** gentleman 32
caber to go/fit into, have/be room for 34
la **cabeza** head 29
la **cabina** telephone box 22
cada each 37
el **café** café 10, coffee 17
el **café cortado** coffee with a little milk 17*
el **café solo** small cup of black coffee 17
la **cafetería** bar, cafeteria 17
la **caja** till, cash-desk 9; box 36
el **cajero**, la **cajera** cashier 9

el **calamar** squid 20
el **calcetín** sock 32
la **calefaccíon central** central heating 22*
calentar /ie/ to heat 38
la **calidad** quality 35
la **calidad de vida** quality of life 36
la **calle** street 6
el **calor** heat 23
hace calor it is hot (weather) 23
la **calculadora** calculator 16
calzar to wear, put on (shoes) 33
la **cama** bed 35
la **cámara fotográfica** camera 3
la **camarera** waitress 10
el **camarero** waiter 10
el **cambio** change, exchange 12
el **camino** way, road 37
el **camión** lorry, truck 27
la **camisa** shirt 3
la **camiseta** tee-shirt 32*
el **camping** campsite 24
el **campo** countryside 20; grove 20*; field 23*
en el campo in agriculture 20
la **canción** song 36*
cansado, -a tired 39
la **capital** capital city 4
la **cara** face 37
tener cara de to look, seem to be 37
¡caramba! heavens! gracious! 18
la **carne** meat 9
el **carné de identidad** identity card 8
caro, -a expensive, dear 16
la **carpeta** folder 16
la **carretera** main road 7
la **carta** letter 15; playing card 30*
el **cartel** poster 40
la **casa** house, home 9
a casa home 9
en casa (de) at home (with) 9
las **Casas Colgadas** Hanging Houses 14*
casado, -a married 37
casarse to marry 33
casi almost, nearly, hardly 7
castellano, -a Castilian, of Castile 14*
el **castellano** Spanish (language), Castilian 4
Castilla Castile 4
el **catalán** Catalan (language) 4
el **catalán**, la **catalana** Catalan, inhabitant of Catalonia 13
Cataluña Catalonia 4
la **catedral** cathedral 15
la **categoría** category, type 22*
catorce fourteen 6*, 12
causar to cause 40*
la **cazadora** short, zip-up jacket 27
la **cebolla** onion 20
celebrar to celebrate 38
celtíbero, -a Celtic and Iberian 14*
la **cena** dinner, evening meal 9
cenar to have dinner 9
el **céntimo** cent 12
céntrico, -a central, centrally situated 22*
el **centro** middle, centre 4
en el centro de in the middle of 4
cerca (de) near (to) 5
cerca de allí near there 5
el **cerdo** pig 27
cerrar /ie/ to close, shut 18
la **cerveza** beer 17*, 21
la **cesta** basket 27
el **chaleco** waistcoat 32
la **chaqueta** jacket 32
la **chica** girl 10
el **chico** boy 6
¡pero chico! my dear boy! 17
el **chiringuito** kiosk/bar on a beach 24
chocar to shock 40
el **chocolate** chocolate 17*
el **chorizo** hard, red spicy sausage 17*
el **churro** a type of sweet fritter 17*
el **cielo** sky 25
la **ciencia** science 20*
las **ciencias naturales** natural sciences 10
las **ciencias sociales** social sciences 40
ciento, cien hundred 40
cierto, -a right, certain 40
el **cigarrillo** cigarette 3
cinco five 1*, 2
cincuenta fifty 12
el **cine** cinema 11
ir al cine to go to the cinema 11
la **cita** appointment, date 19
los **cítricos** citrus fruits 20
la **ciudad** town, city 4
claro naturally, of course 2
claro que of course 19
claro que sí yes, of course 17
la **clase** class, lesson 16
el **día de clase** school day, day in class 13
el **cliente** customer, client 6, 16
el **clima** climate 6
el **coche** car 4
la **cocina** kitchen 9
cocinar to cook food 30*
coleccionar to collect, gather 30*
el/la **colega** colleague 40
el **colegio** school 10
la **colmena** beehive 40*
colocar to place 34*
Colón Columbus 5
el **color** colour 16
la **comarca** district, area 36
el **comedor** dining room 9
comer to eat 21

la **comida** food, meal 19; lunch 22*
comiendo *(comer)* eating 31*
como like 4; such as 7; since, because 26
¿cómo? how? 2
la cómoda chest of drawers 34
la **compañía** company, firm 9
la **compañía de seguros** insurance company 9
completo, -a full, complete 18
la **compra** purchase 33
comprar to buy 9
compre (imperative of *comprar*) buy! 12
la **Comunidad Autónoma** autonomous region 6
con with 7
concretamente specifically, exactly 40
las **condiciones económicas** salary, earnings 10
el **conductor** driver 22
conocer to know (a person or place) 34
conocido, -a (well) known 36
el **conocimiento** knowledge 10
la **conserva** canning 36
el **consumidor** consumer 36*
consumir to consume 36
el/la **contable** accountant 9
contar /ue/ to tell, relate 28
contento, -a content, satisfied, happy 35
contesta (*contestar*) (he/she) answers 6
conteste (imperative of *contestar*) answer! 4*
continuar to continue 40
el **contrato fijo** fixed contract 10
convertido en changed, turned into 38
la **cooperativa** co-operative (society) 27
la **copia** copy 21
el **corazón** heart 20*
la **corbata** tie 3
el **correo** post, mail 15
la **oficina de correos** post office 15
en Correos at the post office 15
correr to run 38
cortar to cut 28
corto, -a short 28
la **cosa** thing, matter, business 28
la **costa** the coast 4
costar /ue/ to cost 32
crear to create 26
creer to believe, think 21
creo que sí I think so 21
el **cuadro** picture 34
¿cuál? which? which one? 35
cuando when 9
¿cuándo? when? 13
¡cuánta gente! so many people! such crowds! 25
¿cuánto? how much? 12
¿cuánto es? how much is it? 12
¡cuánto tiempo sin verte! it's been a long time/ages since I saw you! 28
¿cuántos, -as? how many? 3
cuantos más, mejor the more the better 34
cuarenta forty 12
el **cuarto** quarter 15; room 34
cuatro four 1*
el **cuero** leather 32
cuesta (*costar*) /ue/ (it) costs 16
tener cuidado (con) to be careful (with) 40
cultivar to grow, cultivate 26
se cultiva(n) (*cultivar*) is (are) grown 20
el **cultivo** cultivation, crop 14
la **cultura** culture 21
el **cumpleaños** birthday 13
el **curso** course 18

D

la **Dama de Elche** 'The Lady of Elche' 21
dan (*dar*) (they) give 11
dar to give 27
dar de comer a to feed 27
los **dátiles** dates 20*
de from 2; of 4
del = de + el 4
debajo (de) under 16
deber to owe 39
los **deberes** homework 30
decidir to decide 38
decir to say 34
delante (de) before, in front of 15
delgado, -a slim, thin 16
demasiado too (much) 32
deme (imperative of *dar*) give me!; may I have? 12
democrático, -a democratic 38
el/la **dentista** dentist 27
dentro de poco soon, shortly 25
depender (de) to depend (on) 40
el **dependiente**, la **dependienta** shop assistant 33
el **deporte** sport 30
a la derecha (de) to the right (of) 15
desayunar to eat breakfast 17
el **desayuno** breakfast 17
descafeinado, -a caffeine-free 17
descansar to rest 21
descargar to unload 37
el descenso descent 36*
desconocido, -a unknown 20
describa (imperative of *describir*) describe! 9*
descuelgue (imperative of *descolgar*) take off! pick up! 22*
desde from 20*
desde hace (15 años) for the last (15 years) 24

desea (*desear*) (you) wish, (he/she) wishes 6
la **desgracia** misfortune, mishap 38
la **despedida** farewell, departure 38
el **despertador** alarm clock 35*
después (de) after 10
después de cenar after (they'd eaten) dinner 10
detrás (de) behind 15
el **día** day 2
el **diálogo** dialogue 3*
buenos días good day, good morning 2
las **días laborables** weekdays, working week 10*, 30
todos los días every day 27
al día siguiente on the following day 35
el **dibujo** drawing 15*
el **diccionario** dictionary 16
dice (*decir*) (he/she) says 19
dicho (past participle of *decir*) said 28
diciembre December 13
diecinueve nineteen 8
dieciocho eighteen 8
dieciséis sixteen 7
diecisiete seventeen 7
diez ten 2
diga (imperative of *decir*) say! what can I do for you? 21
¡dígame! (imperative of *decir*) tell me! hello! 19
dijo (*decir*) (you/he/she) said 38
Dinamarca Denmark 22*
dinámico, -a dynamic 20
el **dinero** money 21
¡Ay, por Dios! Oh, for God's sake! 33
la **dirección** address 22
el **director** director 15
el **director del banco** bank manager 15
el **disco compacto** disc, CD 40
la **discoteca** discotheque 30*
el **diseño gráfico** graphic design 10
distinto, -a different 18
la **divisa** currency 38
doble double 8*
el **doble** twice as much 35
doce twelve 5*, 12
doler /ue/ to ache, hurt 29
el **domingo** (on) Sunday 8
este domingo on Sunday 25
don 'Mr' (precedes first name) 15
donde where 25
¿dónde? where? 4
doña 'Mrs' (precedes first name) 34*
dormir to sleep 30
el **dormitorio** bedroom 35
dos two 2
los **dos** both 17
doscientos, -as two hundred 35
la **ducha** shower 8
ducharse to take a shower 27
sin duda without doubt, undoubtedly 35
el **dueño**, la **dueña** owner 15
dulce sweet 34
durante during 26

E

e and 20
económico, -a economic, monetary 10
la **edad** age 33
la **Edad Media** the Middle Ages 20
una **señora de edad** a middle-aged lady 34
el **edificio** building 33
la **educación secundaria** secondary education 10
¡eh! eh, do you hear? 17
por ejemplo for example, for instance 7
el que the one which/that 16
el the (*m. sing*) 2
él he 12
elegante elegant 35
elegantísimo, -a very elegant 40
ella she 9
ellos, ellas they 12, them 10
el **elogio** eulogy 36*
el **embalse** dam, reservoir 14*
sin embargo however 20
empezar /ie/ to begin, start 18
el **empleado** official 30; employee 22
el **empleo** job 10
la **empresa** firm, business 14*
en at 2; in 3; at ...'s 28
encantar to please, delight 31
encantado delighted to meet you! 34
encender /ie/ to light, switch on 38
encima (de) above 17
encontrar /ue/ to find 26
encontrarse /ue/ to be, lie, be found 25; be (health) 28
la **encuesta** enquiry 30
enero January 13
enfermo, -a sick, ill 13
enfrente opposite 5
enorme enormous 16
la **ensaimada** round, croissant-like pastry 17*
la **ensalada** salad 34
entender /ie/ to understand 24
entero, -a whole 26
entra (*entrar*) (he/she) goes in, (you) go in 6
la **entrada** entrance 5*
entre between 4; among 26
entre otras cosas among other things 26
entrenar to train 30
enviar to send 10
envuelto, -a (*envolver*) wrapped 35

el **equipo** team 30
el **equipo de música** music centre 35*
es (*ser*) (he/she/it) is, (you) are 1
es que it is like this 18
la **escalera** steps 16; stairs 34
el **escaparate** shop window 35
la **escasez** shortage, lack 26
la **escena** scene 40
esconder to hide 38
escribir to write 24
escrito (*escribir*) written 31
escuchar to listen to 30
escuche (imperative of *escuchar*) listen to ...! 1
la **escuela** primary school 40
la **escultura** sculpture 21
a eso de las dos at about two o'clock 19
eso es yes, that's it, that's right 12
eso sí yes, that's it; yes, indeed 10
¡eso sí que no! out of the question; under no circumstances! 33
España Spain 1
español, -a Spanish 4
el **español** Spanish language 4, 24
el **español**, la **española** Spaniard 7
especial special, especial 28
los **espectadores** spectators 14*
espera (imperative of *esperar*) wait! 32
esperar to wait for 22*, 32
espere (imperative of *esperar*) wait for! 22*
esquiar to ski 30*
la **esquina** (outside) corner 6
esquina on the corner of 19
está (*estar*) (you) are, (he/she/it) is (of place) 4, (of health) 25
está bien that's fine, all right 8; that's all, that'll do 16
está nublado it's cloudy 23
el **establecimiento** establishment; *here* hotel 22*
la **estación** station 5; season 23
la **estación de esquí** ski resort 14*
el **estado** state 4
el **Estado español** the Spanish State 4
los **Estados Unidos** the United States 22*
están (*estar*) (they) are 4*; (they) are at home 9
estar to be (of health, temporary state, position) 4
este, esta this 21, 32
el **este** east 4
el **estilo** style 33
esto this (thing) 3
Estocolmo Stockholm 24
el **estómago** stomach 29
estos, -as these 20
estrecho, -a narrow 9
el **estudiante** student 21
estudiar to study 17
estupendamente fantastically, marvellously 37
estupendo, -a excellent, marvellous 16
estuve (*estar*) (I) was 40
el **euro** euro 10
excelente excellent 20
la **excursión** excursion, trip 25
existen there are 36
la **experiencia laboral** work experience 10
exporta (*exportar*) exports 4
se exporta(n) (*exportar*) is (are) exported 20
la **exportación** export 10
expresar to express 31*
extenso, -a widespread, extensive 14
el **extranjero** abroad 26

F

se fabrica (*fabricarse*) (it) is constructed 26*
fabuloso, -a fantastic, fabulous 31
la **falda** skirt 32
no faltaba más think no more about it; of course 35
la **familia** family 9
famoso, -a famous 7
el **farmacéutico** chemist 6
la **farmacia** chemist's 6
la cosa está fatal the situation is really terrible 28
por favor please 2
haga el favor de please be so kind as to 35
febrero February 13
la **fecha** date 13
feísimo, -a really ugly, hideous 31
la **felicidad** happiness, luck 13
¡felicidades! congratulations! 13
el **ferrocarril** railway 7
fértil fertile 26
el **fin** end 22
el **fin de semana** weekend 25
al fin in the end 22; at last, finally 25
por fin in the end 38
la **finca** farm, small estate 26
Finlandia Finland 22*
la **filosofía** philosophy 10
la **firma** signature 2*
la **física** physics 10
la **flauta** flute 30*
la **flor** flower 20*, 35
el **folleto** pamphlet, brochure 40
la **forma** way, manner 38
la **foto(grafía)** photograph 9
francés, -a French 24
Francia France 4
el **franco** franc 38

la **frase** sentence, phrase 31*
frecuentado, -a frequented 20
la **fresa** strawberry 21*
el **frigorífico** refrigerator 33
el **frío** cold 23
hace frío it's cold 23
la **fruta** fruit 20
el **fuego** fire; *here* light 17
fuera out 30
fuerte strong 25
fui (*ir*) I went 37
fumar to smoke 17
funciona (*funcionar*) (it) works 22
el **fútbol** football 30

G

las **gafas** spectacles, glasses 16
Galicia Galicia 4
el **gallego** Galician (language) 4
gallego, -a Galician 37
la **gallina** hen 27
la **gamba** prawn 20
la **ganadería** livestock farming 36*
el **ganado** livestock 36
ganar to earn 10
el **garaje** garage 22*
la **gasolinera** petrol station 22
gastar to spend 35
en general in general, generally 20
la **generalización** generalization 40
generalmente usually 25
genial brilliant, inspired 31
la **gente** people 7
la **geografía** geography 16
la **gestoría** passport office 38
gobernar /ie/ to rule, govern 36
el **gobierno** government 7
el **gobierno central** central government (in Madrid) 7
el **golfo** gulf 25
gótico, -a Gothic 20
gracias thank you 2
muchas gracias thanks very much 6
gracias a thanks to 20
gracias por thanks for 28
el **grado** degree (temperature) 36
grande, gran large, big 7, 20
grandes (*pl*) large 4
grave serious, grave 20
grueso, -a thick, fat, plump 16
el **grupo** group 6
guapo, -a good-looking, handsome, 'sweetheart' 19
el **guía** guide 21
la **guía** handbook, guide(book) 22
la **guitarra** guitar 30
gustar to please 17
me gusta (*gustar*) I like 17
el **gusto** taste 31
mucho gusto pleased to meet you 34

H

haber to be, exist 3; to have (as auxiliary verb) 28
la **habitación** room 8
la **(habitación) individual** single room 8
hab. = habitación 8*
el **habitante** inhabitant 7
se habla(n) (*hablar*) is (are) spoken 4
hablar to speak 24
hablo (*hablar*) I speak 4*
hace (*hacer*) (he/she) does 9
hace buen tiempo it's fine weather 23
hace calor it's hot 23
hace frío it's cold 23
hace mal tiempo it's bad weather 23
hace sol it's sunny 23
hace viento it's windy 23
hace since ...; ... ago 37
hacer to do, make 30
hacia towards 34
haga el favor de (imperative of *hacer*) please be so kind as to ... 35
el **hambre** (*f*) hunger 21
tener hambre to be hungry 21
hasta until 5; right to 20*; even 26*
no ... hasta not until 18
¡hasta mañana! see you tomorrow! 5
hasta luego 'bye for now 27
hasta pronto see you soon 18
hay (*haber*) there is/are 3
hay que one must 40
he (*haber*) I have (auxiliary verb) 28
hecho (*hacer*) done, made 28
el **helado** ice-cream 21
la **hermana** sister 9
la **hermana mayor** older sister 9
el **hermano** brother 13
el **hermano menor** younger brother 32
los **hermanos** brothers and sisters 13
hiciste (*hacer*) (you) did, made 37
la **hija** daughter 19
el **hijo** son 27
¡pero hijo! my dear boy! 27
Hispanoamérica Spanish America 40
la **historia** history 14*
el **hogar** home, hearth 34
hola hi, hello 2
el **hombre** man 17
no, hombre, no oh, no; no, no! 6
la **hora** hour 10
la **hora punta** peak hour, rush hour 7
¿a qué hora? (at) what time? 18
¿qué hora es? what's the time? 11
el **horario** working hours, timetable 18
el **horario de trabajo** working hours 10

el **horizonte** horizon 36*
el **horno** oven 38
¡qué horror! how awful!, how dreadful! 31
la **hortaliza** vegetable 36
el **hospital** hospital 10
el **hostal** boarding house, guesthouse 6
el **hotel** hotel 5
el **hotel-parador** state-run hotel 14*
hoy today 8
hoy día nowadays 35
hoy mismo this very day 35
la **huerta** irrigated, intensively-cultivated area 20
el **humo** smoke 38

I

ibérico, -a Iberian 4, 21
la **idea** idea 27
idear to conceive 26*
la **iglesia** church 28
igualmente the same to you 39
la **ilusión** illusion, dream, ideal 38
ilustrar to illustrate 40
la **imagen** picture, image 40
imaginarse to imagine 25
importante significant, important 20
imprescindible essential 10
la **impresión** impression 40
impresionante imposing, impressive 14*, 25
inca Inca 40
incluso even 20*
la **indicación** sign 36*
el **indicativo del país** country code 22*
el **indicativo de población** area code 22*
indígena native, indigenous 40
el **indio** Indian 40
la **individual** single room 8
la **industria** industry 4
industrial industrial 20
industrializado, -a industrialized 20
la **influencia** influence 26*
la **información** information 2*
la **informática** computing 10
la **ingeniería** engineering 14*
el **ingeniero aeronáutico/eléctrico** aeronautical/electrical engineer 26*
el **inglés** English (language) 10*
inglés, -a English 35
el **ingrediente** ingredient 20
el **instituto** state secondary school 16
la **instrucción** instruction 22*
el **instrumento** instrument 30*
intenta (*intentar*) (he/she) tries to 26
los **interesados** applicants, those interested 10
interesante interesting 10
el **interior** interior 26
internacional international 10, 22*
introduzca (imperative of *introducir*) put in! insert! 22*
la **inundación** flood 40*
inventar to invent 26*
el **invierno** winter 23
ir to go 5
irse to go away, to leave 18
la **isla** island 4*
las **Islas Baleares** the Balearic Islands 4*
las **Islas Canarias** the Canary Islands 4*
el **italiano** Italian (person) 13
a la izquierda (de) to the left (of) 15

J

ja, ja ha ha 35
el **jamón** ham 17*
el **jardín** garden 22*
la **jarra** jug 35
el **jefe** chief, manager 37
el **jefe de ventas** sales manager 19*
el **jersey** jersey, pullover 32
el/la **joven** young man, young woman 10
los **jubilados** retired people 26
el **jueves** (on) Thursday 8
jugar /ue/ to play 30
jugar al fútbol to play football 30
jugar con el ordenador to play with the computer 30*
julio July 13
junio June 13
junto con together with 36*
juntos, -as together 9

K

el **kilo** kilo 39

L

la the (*f. sing*) 3; it, her 35
el **lado** side 16
al lado de at the side of, beside 16
por otro lado on the other hand 26
el **ladrón** thief 38
el **lago** lake 40
la **lámpara** lamp 34
la **lana** wool 32
el **lápiz** pencil 16
largo, -a long 9
las the (*f. pl*) 4*; them 34
Latinoamérica Latin America 1
el **lavabo** lavatory, wash basin 2*
lavar to wash 28
le you, him, her 29
la **leche** milk 17
la **lechuga** lettuce 39*
leer to read 22
lejos far, far away 5

lejos de far from 20
la **lengua** language 4; Spanish language 10
levantarse to get up 25
libre free 30
la **librería** bookshelf 9; bookshop 15
el **libro** book 3
el **libro de actividades** activity book, workbook 3*
limita con (*limitar*) borders on 4
el **limón** lemon 17*
limpiar to clean 33
Lisboa Lisbon 4
la **lista de precios** price list 17
se llama (*llamarse*) (you) are called, (he/she/it) is called 2
la **llamada (telefónica)** telephone call 22
llaman a la puerta there's a ring/knock at the door 34
llamar ring! 10; to ring 22
llamarse to be called 25
llame (imperative of *llamar*) ring! 22*
me llamo (*llamarse*) my name is 2
la **llanura** plain 14
la **llave** key 8
la **llegada** arrival 2*
llegar to arrive 9
llegué (*llegar*) I came, arrived 37
lleva (*llevar*) (he/she/it) carries, takes 6, 26*
llevar to carry 6; to live 25; to take (with you) 27
llevar 10 años en ... to have been in ... for 10 years 34
llueve (*llover*) /ue/ it rains 20; it's raining 23
la **lluvia** rain 36
lo it, him 34
el **local** premises 16
Londres London 19
la **longitud** length 14*
la **lonja** (fish) auction 37
los the (*m. pl*) 7; them 35
luego then, next 25
el **lugar** place 40
la **luna** moon 25
el **lunes** (on) Monday 8
Lusitania Roman province of Portugal 14*

M

¡qué machistas! what male chauvinists! 10
la **madre** mother 9
maduro, -a ripe 23*
la **magdalena** fairy cake 17*
mal badly, poorly 10
malo (mal), mala bad 23
la **maleta** suitcase 3
mamá mum, mummy 11
manchego, -a from la Mancha 17
la **mandarina** mandarin, tangerine 20
la **mano** hand 22
tiene buena mano para la comida she's good at cooking 37
la **manzana** apple 36
la **mañana** morning 10
por la mañana in, during the morning 17
mañana tomorrow 5
mañana por la mañana tomorrow morning 25
pasado mañana the day after tomorrow 13
la **maquinaria** machinery 4, 40
el **mar** sea 20
la **maravilla** wonder 40*
marcar to dial (telephone number) 19
el **marido** husband 38
el **marisco** shellfish 20
marque (imperative of *marcar*) dial! 22*
marrón brown 32
el **martes** (on) Tuesday 8
marzo March 13
más more 3; more, several more 10; most 20
más de more than, over 7
más que no ... nothing but 40
Master en Finanzas/Economía Master's degree in Finance/Economics 18
matar to kill 35
las **matemáticas** mathematics 10
el **material** material 40
la **matrícula** registration, licence plate 22
mayo May 13
mayor larger, bigger, older 9, 32
me me 2, 18, 25
la **médica**, el **médico** doctor 17
la **medicina** medicine 21
medio, -a half 11; average, mean 14, 36
medio año six months, half a year 25
el **Mediterráneo** Mediterranean Sea 4*, 25
el **mejillón** mussel 20
mejor rather 17; best 17*; better 32
a lo mejor perhaps, maybe 33
el **melocotón** peach 39*
el **melón** melon 39
menor smaller, less, younger 32
menos less, fewer 12; minus 15
menos de less than; fewer than, under 20
el **mercado** market 28; food market 39
la **merluza** hake 37
el **mes** month 8*, 13
al mes per month 10*
la **mesa** table 9
la **mesa de noche** bedside table 34
la **meseta** plateau 14
el **metro** underground railway 5; metre 14
mexicano, -a Mexican 25

México D.F. Mexico City 25
mi my 8
mí me 21
mientras while, as 9
el **miércoles** (on) Wednesday 8
mil thousand 10
un **millón** a million 7
el **ministerio** ministry, state department 7
mira (imperative of *mirar*) look! see here! 24
mirar to look (at) 9
mire(n) (imperative of *mirar*) look! 12, 24
mis my (*pl*) 30
ir a misa to go to mass 30
mismo, -a same 18
yo mismo I myself 35
la **mitad** half 20
la **mochila** rucksack 27
modernista modernistic, functional 33
moderno, -a modern 7
el **modo** way 40
el **molino** mill 14*
el **molino de viento** windmill 14*
un momento one moment 3
la **moneda** coin 22*
el **montacargas** goods lift 33
el **montón** lots, pile, heap 34
el **monumento** monument 26*, 40
el **mostrador** shop counter 35
mostrar /ue/ to show 40
el **móvil** mobile phone 22
mucho, -a much, a lot of 4, 7
muchísimo (*adverb*) an awful lot 31
mucho (*adverb*) much 25
muchas gracias thank you very much 6
el **mueble** piece of furniture 34
la **mujer** woman, wife 19
¡mujer! my dear! 11
el **mundo** world 11*
el **museo** museum 21
la **música** music 30
muy very 2
no muy not especially 20, 28

N

nace (*nacer*) rises (of river) 26*
nada nothing 6, 16
no … nada nothing 21
de nada you're welcome, don't mention it 6
nadar to swim 30*
nadie no one 33
la **naranja** orange 4
el **naranjo** orange tree 20*
la **nata** cream 21*
la **Navidad** Christmas 25
por Navidad at Christmas 40
necesitar to need 8
negativo, -a negative 31*
el **negocio** business deal 35
negro, -a black 3
nevar /ie/ to snow 23
el **niño**, la **niña** child 19
no no 2; not 4
¿no? isn't it? right? 12
no … hasta not until 18
no … nadie no one 33
no … ni not even 33
no … ninguno, -a not one 39
no … nunca never 25
no. = número number 8*
la **noche** evening, night 38
por la noche in the evening 38
el **nombre** name 8
normalmente usually 32
el **norte** north 4
Noruega Norway 22*
nos us 38
nosotros, nosotras we 12
el **notario** notary, solicitor 33*
noventa ninety 40
la **novia** fiancée 24
el **novio** fiancé 24
nuestro, -a our 24
nueve nine 2
nuevo, -a new 10
de nuevo again 28
el **número** number 2
nunca never, ever 32

O

o or 3
la **obra** work (of art) 14*, 21
la **ocasión** occasion 32
ochenta eighty 36
ocho eight 2
octubre October 13
ocupar to take up, occupy 14
ocuparse de to take care of, busy oneself with 27
el **oeste** west 4
ofendido, -a offended, insulted 35
la **oferta** offer 10
ofertas de empleo 'situations vacant' 10
oficial official 4
la **oficina** office 5
la **oficina central** head office 35
la **oficina de Estado** government office 7
oiga (imperative of *oír*) listen! hello there! 21
¡ojalá! let's hope so 37
el **olivar** olive grove 26*
el **olivo** olive tree 26*
el **olor (a)** smell (of) 38
once eleven 4*
opinar to consider, have an opinion 31

el **ordenador** computer 3
el **ordenador portátil** laptop 35*
ordeñar to milk 27
el **original** original 21
a orillas de on the banks of 15
la **orquesta** orchestra 30*
oscilar to vary 22*
oscuro, -a dark 38
el **otoño** autumn 23
otro, otra other 7; another 9
oye (imperative of *oír*) listen!, now listen, you! 13

P

el **padre** father 9
los **padres** parents 33
la **paella** paella 20
pagar to pay 10
la **página** page 1*
el **país** country 1
el **País Valenciano** Valencia Region 4
el **País Vasco** Basque Country 4
los **Países Bajos** The Netherlands 22*
el **pájaro** bird 20*
el **palacio** palace 7*
la **palmera** palm tree 20*
el **palmeral** palm grove 20*
los **pantalones** trousers 32
la **papelería** stationer's 6
el **paquete** packet, parcel 3
un par de a couple of, a pair of 27
para for, to 2; in order to 5; for 8, 10
la **parada** stop 5
la **parada de autobús** bus stop 5
parecer to look like, seem 28
parece it seems 29
me parece que I think that 27
¿qué te parece? what do you think? 31
el **pariente** relation, relative 40
estar en paro to be unemployed 28
el **parque** park 20*
el **Parque nacional** National Park 26*
la **parte** part 20
en muchas partes in many places 28
los **participantes** participants 36*
a partir de from … onwards 36
pasado, -a last, previous 40
el **pasaporte** passport 2
pasar to happen, occur 29
pasar por to pass through 7; to drop by 9
¿qué le pasa? what's up (with him/her/you)? 29
¡que lo pase bien! have a good time! 39
el **paseo** avenue, promenade 12
de paso por on a visit to, on the way through 21
las **patatas fritas** potato chips 9
patinar to skate 30*
patoso, -a clumsy 35
el **patrón** patron saint 36*
la **película** film 11
el **pelo** hair 28
la **peluquería** hairdresser's 28
el **peluquero** hairdresser, barber 28
la **península** peninsula 4
la **península Ibérica** the Iberian peninsula 4
pensar /ie/ to think 17, 19
la **pensión** guesthouse 6
el/la **peor** worst 32
pequeño, -a small, little 15
perdón sorry, excuse me 3
el **peregrino** pilgrim 14*
perfecto, -a perfect 22
el **periódico** newspaper 3
la **pera** pear 39*
pero but 6
el **perro** dog 22*
la **persona** person 6
peruano, -a Peruvian 40*
la **pesca** fishing 36; catch 37
el **pescado** fish 9; fishing 36*
el **pescador** fisherman 37
pescar to fish 37
el **peso** weight 39
pesquero, -a fishing *(adjective)* 36
el **petróleo** petroleum, oil 25
el **piano** piano 30*
el **pico** peak 36*
es la una y pico it's past one o'clock 19
el **pie** foot 6, 29
va a pie (*ir*) (he/she) goes on foot, (you) go on foot 6
la **pierna** leg 29
la **pila** battery 27
el **piloto** pilot 40
el **pimiento** green pepper 20
el **pintor** painter 31*
pintoresco, -a picturesque 22*
la **pirámide** pyramid 25
la **piscina** swimming pool 24
el **piso** flat, apartment, floor 33
la **pizza** pizza 38
la **plancha de vapor** steam iron 35*
el **plano** town map 16
la **planta** floor (level) 32
la **planta baja** ground floor 33
el **plástico** plastic 27
la **plataforma** platform 25
el **plato** plate 34
la **playa** beach 4
la **plaza** square 5
la **Plaza Mayor** main square 7*
la **población** population 20; town, city 22*
el **poblado** village 40
pobre poor 28

la **pobreza** poverty 40
poco little, a tiny bit 20, 24
pocos, pocas few 14
poder /ue/ to be able 21
poner to put, place 33
ponerse to put on 27
ponerse a to begin to 34
póngame (imperative of *poner*) give me! 39
popular popular 20*
por by 22; through 28; because of 40
por ciento per cent 14
por eso therefore 7
por favor please 2
por lo demás for the rest 25
¿por qué? why? 10
la **porcelana** porcelain 35
porque because 9
la **portera** porter, caretaker (female) 33
la **portería** porter's room/lodge 33
el **portero** porter, caretaker 33
el **portero automático** entry phone 33
la **postal** postcard 16
poseer to own 26
positivo, -a positive 31*
practicar to practise 30
práctico, -a practical 32
el **prado** meadow 36
el **precio** price 17
precioso, -a exquisite, beautiful 21
precisar to need 10*
precisamente exactly, precisely 33
la **pregunta** question 4*
pregunta (*preguntar*) (he/she) asks 6
preguntar por to ask for (a person) 10*
pregunte (imperative of *preguntar*) ask! 6
preparar to prepare 9
de **buena presencia** with a smart and attractive appearance 10
presentar to introduce 34
presente present 13
las **pretensiones económicas** expected salary 10
la **primavera** spring 23
primero (primer), primera first 13, 19; foremost 36
primitivo, -a primitive 40
el **primo**, la **prima** cousin 13
principal principal, main 7
probar /ue/ to test, try 32
el **problema** problem 7
proceder (de) to come (from) 20
la **producción** production 20
produce (*producir*) produces 20
el **producto** product 4
productor, -a producer, producing 20
la **profesión** profession, occupation 19
el **profesor**, la **profesora** teacher 10
la **programación** programming 10
pronto soon 18
la **propiedad** property 40
propio, -a own 26
la **provincia** province 4
el **público** the public 18
pudimos (*poder*) (we) could, were able to 40
el **pueblecito** small village 27
el **pueblo** village 37
el **puente** bridge 26*
la **puerta** gate 2; door 16
el **puerto** harbour, port 20*, 28
pues well ... 2; well then 12
puesto (*poner*) put, placed 34
la **pulsera** bracelet 35*
puro, -a pure 32
puso (*poner*) (she) put 38

Q

que that, which, who 6; for 21; as 25; than 28
¿qué? which? 1; what? 3
¿qué tal? how are you? 2; how? 25
me quedan (*quedar*) they suit me 32
quedar to be left, remain 12
quedarse to stay 25
quedarse con to keep 32
quemado, -a burnt 38
querer /ie/ to want 21
querido, -a dear 25
el **queso** cheese 17
¿quién? who? 11
¿de quién? whose? 15
la **química** chemistry 10
quince fifteen 6*, 8
quince días fortnight 25
el **quiosco** kiosk 9
quizás perhaps 39*

R

la **radio** radio 27
la **ranura** slot 22*
rápido fast, quickly 28
raro, -a strange, peculiar 31
el **rato** moment, a while 21
real royal 7*; real 40
realizar realize, carry out 38
realmente really 25
la **rebaja** reduction, sale price 32
en **rebajas** in the sale 32
rebajado, -a at a reduced price 32
el **recado** errand 27
el/la **recepcionista** receptionist 8
recibir to receive 35
recoger to fetch, collect 38
recuerdos a greetings to, love to ... 25
regalar to give (as a present) 33
el **regalo** present 35

la **región** region, area 4
regresar to return 25
regular so so, not so bad 2
el **Reino Unido** United Kingdom 22*
el **reloj** clock 9
rellene (imperative of *rellenar*) fill in! 8*
repartido, -a distributed 26
el **repartidor** delivery man 33
reservar to reserve 22
reserve (imperative of *reservar*) reserve! 8*
los **residentes** residents 26
el **restaurante** restaurant 6
la **revista** magazine 3
la **ría** deep bay, fjord 36
rico, -a rich 26; delicious 37
el **riego** irrigation 20
el **rincón** (inside) corner 9
el **río** river 7
la **riqueza** wealth 26
riquísimo, -a very tasty 37
robar to steal 38
la **rodilla** knee 29
rojo, -a red 16
la **ropa** clothes 3
romano, -a Roman 14*
roto, -a (*romper*) broken 35
el **rotulador** felt-tip pen 16
rubio, -a fair, blond 34
rural rural 26

S

el **sábado** (on) Saturday 8
sabe (*saber*) (you) know, (he/she) knows 9*
saber to know 21
sacar to take out 22
sagrado, -a holy, sacred 20*
la **sala (de estar)** living room 34
el **salchichón** sausage 17*, 21
la **salida** departure, exit 2*
salir to come out 7; to go out 30
la **salud** health 17
el **saludo** greeting, good wishes 24
san (*m*), **santa** (*f*) saint (with name) 15
la **sandía** water-melon 39
el **santo** saint 13
el **día de mi santo** my name day 13
la **sardina** sardine 37
el **sargento** sergeant 37
satisfecho, -a content, satisfied 37
se himself, herself, yourself (*reflexive*) 2
sé (*saber*) (I) know 6
la **sección** section 32
seco, -a dry 14
la **secretaria** secretary 10
la **sed** thirst 21
tener sed to be thirsty 21
en seguida at once 17
seguidamente immediately 22*
segundo, -a second 33
seguro, -a certain, sure, safe 37
para estar más seguro/a for safety's sake 38
seis six 2
el **sello** stamp 15
la **selva** jungle, forest 40
la **semana** week 8
la **semana que viene** next week 34
a la semana per week 10
la **sembradora** sowing machine, seed-drill 26
sensacional sensational 31
la **señal** tone, signal 22*
el **señor** gentleman, man 2
los **señores** Mr and Mrs 8*, 34
la **señora** lady, woman 2
la **señorita** Miss, young lady 2
septiembre September 13
ser to be 13
en los servicios in the service industries 20*
¿en qué puedo servirle? can I help you? 37
sesenta sixty 12
setenta seventy 12
si if, to be sure 10; if 12
sí yes 2
ah, sí yes, of course 2
¿sí? oh, yes? really? 28
dice que sí (he/she) says yes 19
siempre always 16
lo siento (*sentir*) /ie/ I'm sorry, unfortunately 8
siete seven 2
el **siglo** century, 14*, 15
siguiente following 35
la **silla** chair 9
el **sillón** armchair 34
sin without 8
la **sinagoga** synagogue 14*
el **sistema** system 20
el **sitio** place, location 22*
situado, -a situated 37
sobre above 4; on, about 31
el **sobre** envelope 16
el **sobrino** nephew 25
social social 40
el **sofá** sofa 34
el **sol** sun 23
solo, -a alone 28
sólo only 8
el **soltero** bachelor 27
solucionar to solve 26
son (*ser*) (they) are 7; it'll be, that'll be 12
sonar /ue/ to ring, sound 19

soñar /ue/ to dream 38
la **sopa** soup 9
soy (*ser*) (I) am 2
soy papá it's dad 19
Sr = señor 8
Sr D. = señor don 25
Sra = señora 8
Sra Da = señora doña 33*
Srta = señorita 25
Sres = señores 8
su your 8; her 9; its 20; his 22; their 38
suave mild 23*
subastar to auction 37
subir to go up 24
el **submarino** submarine 26*
subrayar to underline 22
Suecia Sweden 22*
el **suelo** floor 34
la **suerte** luck 28
¡qué mala suerte! what bad luck! 28
superior upper 22*
el **supermercado** supermarket 9
el **súper = el supermercado** 10
el **sur** south 4
el **sureste** south-east 14

T

el **tabaco** tobacco 3
la **talla** size (of clothes) 32
también also 3
tan so 25
tanto so much 39
las **tapas** snack, bar snacks 28
tardar to delay, be late, be long 27
tarde late 9
más tarde later 9
la **tarde** afternoon, evening 6
por la tarde in the afternoon 17
buenas tardes good afternoon 6
tardísimo terribly late 37
la **tarea** task 2*
la **tarjeta** card 8
la **tarjeta de crédito** credit card 32
el **taxi** taxi 5
el/la **taxista** taxi driver 5
la **taza** cup 34
te you 28
el **té** tea 17
el **teatro** theatre 6
la **tele** television 11
el **teléfono** telephone 10
la **televisión** television 9
el **televisor** television set 9
el **televisor digital** digital television 35*
la **temperatura** temperature 36*
temprano early 25
tener to have 12
tener que to have to 17
tenga (imperative of *tener*) here you are! 2
el **tenis** tennis 30*
la **tensión** tension 36
tercero (tercer), tercera third 20, 33*
terminar to end, stop 9
la **terminal** airport terminal 5
el **termo** thermos 37
la **terraza** terrace, balcony 34
el **territorio** territory, area 14
el **texto** text 4*
ti you 31
la **tía** aunt 24
el **tiempo** time 19; weather 23
el **tiempo libre** free time, leisure time 30
la **tienda** shop 35
tiene (*tener*) (he/she/it) has, (you) have 14*
la **tierra** land, earth, ground 14
tinto red (wine) 38
el **tío** uncle 25
el **titular** bearer 2*
tocar to touch; to play (an instrument) 30
todavía still 14*, 21
no … todavía not … yet 9
todo all, everything 4
sobre todo most of all, above all 4
todo, toda all 9
todos, todas all 7
toma (*tomar*) (he/she) takes 5
toma (imperative of *tomar*) here you are! 16
es una tomadura de pelo it's a big legpull, hoax, swizz 31
tomar to take 5; eat, drink, have 17
tomar una copa to have a drink 30*
el **tomate** tomato 20
tome (imperative of *tomar*) please take it! here you are! 35
la **torre** tower 7*
la **tortilla** omelette 9
la **tostada** toast 17
total total 20
en total altogether 12
el **trabajador** worker 14*
trabajar to work 9
trabajar de to work as 21
el **trabajo** work 7
el **tractor** tractor 26
tradicional traditional 26
traer to bring 33
el **tráfico** traffic 7
la **tragedia** tragedy 38
el **traje** suit 32
transportar to transport 27
trece thirteen 5*
treinta thirty 10
tres three 2
el **trigo** wheat 14

triste sad 40
la **trompeta** trumpet 30*
el **trozo** bit, piece 37
tú you 2
tu your 17
el **turismo** tourism 4
turístico, -a tourist (*adjective*) 20

U

Ud. = **usted** 10
¡uf! ugh! 10
un (*m*) a, an 3
una (*f*) a, an 3
el **único** the only one 37
la **universidad** the university 21
uno one 2
unos, unas some 7; roughly, approximately 20*, 25; a pair of 28
urgentemente urgently 10
usted you 2
ustedes you (*pl*) 12
utilizar to use 26
la **uva** grape 23*, 39

V

Vd. = **usted** 10
va (*ir*) (you) go, (he/she) goes 5
¡qué va! rubbish!, nonsense! 18
la **vaca** cow 27
las **vacaciones** holidays 21
vacío, -a empty 33
vacuno, -a cattle (*adjective*) 36
la **vainilla** vanilla 21
vais (*ir*) (you) go 11
¿vale? is that all right?, is that O.K.? 35
¡vale! it's a deal; O.K. 35
¿cuánto vale? how much is (it)? 16
valenciano, -a from Valencia 20
el **valle** valley 26
vamos (*ir*) (we) go 11
¿vamos? (*ir*) shall we go? 11
vamos a estar we shall be 25
van (*ir*) (they) go 11
los **vaqueros** jeans 32
varios, -as various 36
vas (*ir*) (you) go 5
vasco, -a Basque 36
el **vascuence** Basque (language) 4
el **vaso** glass 34
¡vaya! well, I say; well, I never 13
¡vaya coche! what a car! 15
veinte twenty 10
el **vendedor** salesman, vendor 12
venden (*vender*) they sell 20*
vender to sell 21
venir to come 33
venido (*venir*) come (has come) 28
la **venta** sales 10, 37
la **ventana** window 37
ver to watch 9; to see 30
a ver let me see, let's see 8
el **verano** summer 23
la **verdad** truth 18
¿verdad? don't you?, isn't it? etc. 18
¿de verdad? really? 24
es verdad that's true 24
verde green 33; unripe 39
el **vestíbulo** hall, entrance 35
el **vestido** dress 32
la **vez** time, occasion 28
otra vez another time, again 28
a veces sometimes 30
el **viaje** journey 15, 38
la **vida** life 18
el **video** video 40
la **videocámara** video camera 35*
viejo, -a old 14*, 15
los **viejos** old people 31*
el **viento** wind 14*, 23
el **viernes** (on) Friday 8
vimos (*ver*) (we) saw 37
el **vino** wine 4
el **vino tinto** red wine 38
el **viñedo** vineyard 14
visigodo, -a Visigothic 14*
la **visita** visit 25
la **visita de estudios** study visit 25
los **visitantes** visitors 26
visitar to visit 40
visto (*ver*) seen 35
vivir to live 24
el **vocabulario** wordlist, vocabulary 30*
el **volibol** volleyball 30*
volver to return 37
vosotros, vosotras you 12
voy (*ir*) I go, I'm going 5
dar una vuelta to take a walk, stroll 28
vuestro, -a your 25

Y

y and 2
ya already 10; now 25
¡ya! of course!, that's it!
yo I 12

Z

las **zapatillas de deportes** trainers 32
el **zapato** shoe 32
la **zona** zone, area 20
el **zumo** juice 17*

Transcripts

3E

❍ ¿Qué hay en el bolso?
◆ ¿En qué bolso?
❍ En el bolso negro.
◆ Un ordenador.
❍ ¿Algo más?
◆ Sí, hay también libros y revistas.

4F

1	Chile	7	el centro
2	en	8	en el norte
3	Latina	9	en el sur
4	español	10	en la costa
5	lenguas	11	Chile limita con
6	La capital		

6E

◆ Señor, por favor …
❍ Buenos días, señora.
◆ Por favor, ¿dónde está el Museo del Prado?
❍ ¿El Museo del Prado? Pues en el Paseo del Prado.
◆ ¿Y dónde está el Paseo del Prado, por favor?
❍ Mire, está usted aquí, en la plaza de las Cortes. El museo está muy cerca. Usted baja a la plaza Cánovas del Castillo y allí enfrente está el museo.
◆ Muchas gracias.
❍ De nada.

8C

Rrrr.
◆ Hotel Cervantes. Dígame.
❍ Buenas tardes, señorita. Deseo una habitación.
◆ Muy bien. ¿Para cuántos días?
❍ Mañana, miércoles y jueves.
◆ ¿Una individual o una doble?
❍ Una doble.
◆ ¿Con ducha o con baño?
❍ Con baño.
◆ Muy bien. ¿Su nombre, por favor?
❍ Santos, Carmen y José.
◆ A ver … Santos, Carmen y José. Bien. Adiós y hasta mañana.
❍ Hasta mañana.

10E

Hotel Goya busca persona con experiencia para la recepción. 1005 (Mil cinco) euros al mes. Llamar el lunes de 9 (nueve) a 11 (once) de la mañana. Preguntar por la Sra (señora) López. Teléfono: 912 33 67 16 (noventa y uno – dos – treinta y tres – sesenta y siete – dieciséis).

11F

Él ¿Qué películas dan en el cine esta semana?
Ella ¡Hay muchas, pero muchas!
Él ¿Por ejemplo?
Ella Bueno, en el Rialto dan *Sola*, que es de terror, pero es horrible.
Él De acuerdo.
Ella Pues en el Avenida dan *El perro de mi vecino*. Es una comedia, pero no me parece muy divertida. Luego hay *La última galaxia*, que es de ciencia ficción.
Él Pero creo que es violenta.
Ella ¿Entonces?
Él Bueno, vamos a ver la tele … En la Primera dan una película romántica, *Corazones inseparables*.
Ella No, es muy aburrida.
Él Entonces hay *Sin Testigos*. Dicen que es sensacional.
Ella ¡Genial! Me encantan las policíacas.

12G

Aduanero Buenas tardes. Su pasaporte, por favor.
Pasajero Tenga.
Aduanero Muy bien ... ¿Usted es de Portugal?
Pasajero Exacto. Soy médico, de Lisboa.
Aduanero ¿Y cómo se llama usted?
Pasajero Soares, João Soares.
Aduanero Ah sí, claro. Pase usted.
(Habla la persona C.)

16D

1	Tiene	8	16 (dieciséis)
2	libro	9	30 (treinta)
3	Cuánto	10	postal
4	10 (diez)	11	Desea
5	Algo	12	Tenga
6	cincuenta	13	16 (dieciséis)
7	Blancos	14	70 (setenta)

18F

Bueno, bueno … hoy es 17, verdad? Sí, y es miércoles … Vamos a ver, ¿qué tengo que hacer?
Estar en clase, por supuesto … pero ¿por la mañana o por la tarde?
A ver … primero el perro, por la mañana voy a pasear el perro. Después por la tarde tengo que estar en clase, y luego por la noche … ¡Ay, tengo que planchar las camisas! ¡Vaya, qué faena!
(Habla Isabel.)

19A

En la misma cafetería desayuna hoy el jefe de ventas de una empresa de exportación. Se llama Jaime Galván. Termina su café y paga … "Uno, dos, tres … y treinta. Gracias, adiós …"
Su oficina está cerca. Va a pie. A las diez y cuarto, llega a la oficina un cliente inglés. Es representante de una empresa de importación. Los dos señores trabajan toda la mañana.
A la una, el señor Galván llama a su casa. Marca el número: noventa y tres – dos – catorce – cuarenta y siete – ochenta y cinco.

22A

La señora marca un número:

❍ Hotel Sorolla, dígame.
◆ Quiero reservar una habitación doble con ducha para esta noche.
❍ Lo siento, señora, para hoy solamente tengo una doble con baño.
◆ ¿Cuánto cuesta?
❍ Setenta y cinco euros.
◆ Muy bien.
❍ ¿Para cuántos días?
◆ Dos: hoy y mañana.
❍ ¿Su nombre, por favor?
◆ Weisenhorn: uve doble-e-i-ese-e-ene-hache-o-ere-ene.
❍ ¿A qué hora piensan llegar?
◆ No sé, entre las ocho y las nueve, creo.
❍ Muy bien, hasta entonces.

23A

Mujer Aquí en Madrid en el verano siempre hace mucho calor. En julio y agosto hace más de 40 grados, y a veces hay tormentas.

Hombre En cambio, en el Cono Sur el verano es durante los meses de diciembre y enero. Hace buen tiempo y no llueve mucho. Argentina es muy bonita durante el verano.

Mujer Prefiero el invierno, cuando hace frío y nieva, porque siempre voy a los Pirineos a esquiar en las vacaciones de diciembre.

Hombre Para nosotros, en el Cono Sur, el invierno llega en julio y agosto. Llueve mucho y a veces en los Picos de los Andes la temperatura es bajo cero.

24D

El señor Puf, hace mucho calor, ¿eh?
La señora Sí, ¿qué hora es?
Él Creo que son las doce y media.
Ella ¿No más? Tengo hambre …
Él ¿Ya? El almuerzo es a las dos. ¿Quieres beber algo?
Ella No, beber no. Mejor un helado.
Él Vale, ¿de vainilla o de chocolate?
Ella Uno de chocolate, por favor.
Él A ver …, ¿dónde tengo el dinero?

25I

1	habitantes	8	Casi
2	ciudad	9	estudio
3	22	10	aprendo
4	2020	11	voy a pasar
5	tener	12	poder
6	30	13	hace
7	millones	14	25

30H

Me llamo María López. Soy secretaria y trabajo en una oficina en el centro de Bilbao. Vivo con mis dos hijos. No tengo mucho tiempo libre, pero un día a la semana – el lunes – voy a una academia de lenguas. Estudio inglés. Me gusta mucho. Tenemos un profesor estupendo. En mayo voy a ir a Inglaterra con una amiga. Mi madre va a quedarse entonces con los niños.

31D

1	españoles	7	cine
2	siglo veinte	8	amigo
3	muchos	9	ha escrito
4	libros	10	ha tenido
5	una película	11	también
6	andaluz	12	el dinero

34D

Rrrr.

◆ Dígame.
❍ Hola, Isabel. Soy Rafa.
◆ ¿Desde dónde llamas?
❍ Estoy en la estación. El tren no ha llegado todavía.
◆ ¿Va a tardar mucho?
❍ Han dicho que va a llegar a las diez.
◆ ¡Qué mala suerte! ¿Qué vas a hacer?
❍ Voy a tener que quedarme aquí. ¿Ha llegado Javi?
◆ Sí. Están aquí también Fernando y su novia.
❍ Estupendo. Bueno, hasta entonces.
◆ Te esperamos. Besos.

37C

◆ Diez cajas de sardinas … 300, 295, 90, 85, 80 …
❍ ¡Mía!
◆ ¿Quién ha sido?
■ Aquel señor del rincón.
◆ Muy bien, 280. Cinco cajas de mejillones, 100, 95 …

39B

Dep. ¿Y ustedes?
Sr Dos kilos de tomates, por favor.
Dep. Muy bien. ¿Algo más?
Sr No, gracias. Bueno, quizás limones. Alicia, ¿tenemos limones en casa?
Sra No sé …
Sr Pues medio kilo.
Niña Quiero un melocotón …
Sra No, no, melocotones nos quedan en casa.
Dep. ¿Quieren algo más?
Sr No, así está bien. ¿Cuánto le debo?
Dep. Tenga … Tres cincuenta y cinco.

Course outline

Page	*Unit*		*Active language*	*Preparatory grammar*
4	**1**	**América Latina, Europa**	*¿Qué país es?* alphabet and pronunciation	
6	**2**	**En el aeropuerto** At the airport	1–20 • *¿Cómo está usted?* *¿Qué tal?* • *tú* *se llama, me llamo* *soy de, es de*	
8	**3**	**En la aduana** At Customs	21–100 *¿Qué hay en …?* • *¿Qué es?* *¿cuántos? ¿cuántas?* • plural *-s* *el, un, la, una*	*negro, -a* *blanco, -a*
10	**4**	**España** Spain	*¿Dónde está?* *(no) está en …* points of the compass	
11				plural *-es* • *del* • *las*
12	**5**	**Al centro** To the city centre	*al, a la* • *¿adónde?* *ir* present singular • *ir en …*	*toma*
14	**6**	**En el centro de la ciudad** In the city centre	plural *-es* *-ar* verbs S3 relative pronoun *que*	*no sé* *de la* *pregunte*
16	**7**	**La capital de España** The capital of Spain	*los, las* *100–un millón*	*-ar* verbs P3
17			*son*	*están*
18	**8**	**Una individual sin baño** A single room without bath	revision of numbers days of the week	*necesito* *su*
20	**9**	**En casa de los Gómez** At home with the Gómez family	*-ar* verbs P3 *¿Qué hace?* • *están* • *otro* *porque*	prepositions
21			hay/está • del • unas	adjectives
22	**10**	**Después de cenar …** After dinner … *Ofertas de empleo* Situations vacant	*-ar* verbs, present • *¿por qué?* infinitive *-ar* revision of numbers	personal pronouns
23	**11**	**… van al cine** … they go to the cinema	*ir*, present • *¿Qué hora es?* *¿quién?*	*dan*

Page	*Unit*		*Active language*	*Preparatory grammar*
24	**12**	**En el Paseo del Prado** In the Paseo del Prado	*tener*, present • *¿Cuánto es?* *Deme ...*	
25			*tener* + age personal pronouns	*mi* (possessive adjective)
26	**13**	**Los meses del año** The months of the year	*¿Qué fecha es?* • *¿cuándo?*	
27		*El primer día de clase* The first day of school	*ser*, present *primer*	adjectives of nationality
28	**14**	**El centro de España** Central Spain	reading and consolidation	
32	**15**	**Salamanca**	prepositions expressions of place possessive *de* *¿de quién?* • *uno*	
33		*En Correos* At the post office	*¿Qué hora es?*	
34	**16**	**Librería papelería** Bookshop and stationer's	prepositions expressions of place adjectives prices	*-ar* verb *o* → *ue* *(costar)*
36	**17**	**Desayuno en la cafetería** Breakfast at the bar	*tener que* + infinitive *por la mañana* • *muy/mucho*	*tu* (possessive adjective) *(no) me gusta*
38	**18**	**Un día completo** A whole day	*-ar* verb, diphthong *i* → *ie* *¿A qué hora?*	
39	**19**	**Una cita** A date	*-ar* verbs, diphthong *o* → *ue* estar, *present* expressions of time	*dice*
40	**20**	**El este de España** Eastern Spain	reading and consolidation *gran parte de*	*venden* • *produce* reflexive passive
44	**21**	**De paso por Elche** Visiting Elche	*-er* verbs, present *-er* verbs, diphthongs *ie*, *ue* *algo* • *no ... nada*	*para mí*
46	**22**	**Una llamada telefónica** A telephone call	countries telephone numbers	
47				imperative with *usted*

Page	*Unit*		*Active language*	*Preparatory grammar*
48	**23**	**El tiempo ...** The weather ...	*buen, mal*	
49		**... y las estaciones del año** ... and the seasons		
50	**24**	**En la playa** On the beach	languages adjectives of nationality *-ir* verbs, present	*nuestro* *desde hace*
52	**25**	**Dos postales ...** Two postcards	*ir a* + inf. • *no ... nunca* dates on letters • years	
53		**... y una carta de México** ... and a letter from Mexico	reflexive verbs	*este, esta* *vuestro*
54	**26**	**El sur de España** Southern Spain	reading and consolidation	
58	**27**	**Un agricultor** A farmer	reflexive verbs *dar*, present	
60	**28**	**En la peluquería ...** At the hairdresser's ...	*haber*, present perfect (regular verbs)	
61		**... y en casa de nuevo** ... and at home again	*hecho, dicho*	
62	**29**	**¿Qué le pasa?** What's the matter with him?	*me (te, le) duele(n)* *me (te, le) gusta (n)* *me (te, le) pasa*	
63	**30**	**Tiempo libre** Leisure time	*jugar a* • *tocar* *hacer, dormir, ver*, present *desde hace*	
64	**31**	**Sobre gustos no hay nada escrito** There's no accounting for tastes	adjectives *escrito* *-ísimo*	
66	**32**	**De compras** Shopping	demonstrative pronoun *este* regular comparison • adjectives	
68		*Unas botas de cuero ...* A pair of leather boots ...	irregular comparison sizes	personal *a*
69		*... y un jersey de lana* ... and a woollen jersey	*demasiado*	

Page	*Unit*		*Active language*	*Preparatory grammar*
70	**33**	**En el número 85** At number 85	ordinal numbers 1–10 *alguien* • *no* • *nadie* *salir, venir, traer*, present	present participle, *-ando* *lleva* in expressions of time
72	**34**	**El piso y los muebles** The flat and its furniture	*poner*, present direct object pronouns: forms and position with infinitive	
74		*Hogar, dulce hogar* Home Sweet Home	direct object pronouns: position with present and perfect *puesto* • *conocer*, present *decir*, present personal *a*	
76	**35**	**¿Un buen negocio?** A good deal?	direct object pronouns: position with perfect *visto, roto, abierto* *aquel* • *¿cuál?* *haga el favor de …*	
77		*En el Rastro* At the flea-market	indirect object pronouns	
78	**36**	**El norte de España** Northern Spain	reading and consolidation reflexive passive	
82	**37**	**Un joven gallego** A young Galician	*-ar, -er* verbs, preterite preterite of *hacer, ver, ir*	present participle, *-iendo*
84				
85	**38**	**Para estar más segura** For safety's sake possessive adjectives	*-ir* verbs, preterite preterite of *decir, poner*	*nos lo*
86	**39**	**En el mercado** At the market	present participle *ser/estar* *algún* • *ninguno* expressions of quantity + *de*	*póngame*
88	**40**	**Perú: dos lados de la misma cara** Peru: two sides of the same coin	preterite of *estar*, *poder* adverbs with *-mente* *lo que* *hace* in expressions of time	